Los Principios de la Netiqueta

Autor David Chiles

Los Principios de la Netiqueta

Español edición: Junio 2014

Porque Dios.

Table of Contents

Prefacio

Este es un libro fácil de leer técnica para el éxito social ya que Internet es social. No hay grandes palabras, sólo las grandes conceptos. Normas de comportamiento es el código social de la Internet. Los principios de la netiqueta proveer a cualquier persona las herramientas necesarias para tener éxito en Internet. No importa cómo se defina el éxito. Estos principios se han establecido y se pueden aplicar. En principio se puede establecer una meta y alcanzarla.

Introducción

Se trata de un libro de texto para uso de Internet. Una introducción básica a todos los aspectos sociales de la comunicación por Internet desde un punto de vista técnico. Los principios de la netiqueta son la informática, marketing, administración de empresas, Inglés, Psicología, Cine, Diseño Gráfico y Edición de principios entre otras cosas.

Los principios de la netiqueta se adquieren los conocimientos se mantienen unidos por las creencias tradicionales para facilitar el uso de la Internet.

Capítulo 1 Introducción a la Netiquette

Las buenas personas son separados de los animales por los principios. Mala gente son animales. No tienen conciencia.

Los principios son el conocimiento común de la gente educada. El principio de la Regla de Oro se acredita con la separación de la humanidad de la barbarie.

Trata a los demás como quieres ser tratado es la regla de oro de la humanidad. Los seres humanos siguen este protocolo con conciencia social para construir sociedades. Normas de comportamiento es la etiqueta con conciencia social en la sociedad de Internet.

Un principio es una verdad fundamental, ley, norma, moral o ética se utiliza para formar un sistema de creencias que influyen en el comportamiento dentro de una sociedad. Es una manera de pensar. Acuerdo sobre principios crea sociedades.

La sociedad es el conjunto de relaciones sociales entre las personas que conviven en una comunidad ordenada. La sociedad se define por su cultura. La sociedad mundial ha alcanzado un acuerdo sobre los principios de la internet. El mundo enseña NetworkEtiquette.net. La cultura de Internet está en aumento.

Los principios de la etiqueta de la red, netiquette, son el conocimiento fundamental de la Internet. Las normas sociales que influyen en la conducta de las partes interesadas en la industria de Internet. Son las proposiciones fundamentales, verdades básicas, y la moral de los diseñadores, desarrolladores y usuarios de internet.

El Internet está creciendo con cada byte de datos que viajan a través de ella. De datos de Internet está destinado a ser consumido. Es cultural, leer, ver, escuchar, comentar y compartir datos en Internet.

Normas de comportamiento es la cultura de internet. Las reglas son las convenciones comunes de la industria. Conducta de acuerdo con el código cultural es netiqueta apropiada. La cultura de Internet incluye las convenciones sociales de construcción de sitios web y el uso de ellos.

Netiquette (Sustantivo) 1. El código social de la comunicación de red. 2. El código social y moral de la Internet basado en la regla de oro. 3. Una filosofía de la comunicación efectiva en Internet que utiliza convenciones comunes como guía para las reglas y normas.

La palabra netiqueta fue creado mediante la combinación de la red de las palabras y la etiqueta. Red se refiere a una red informática. El Internet es la red informática más grande del mundo. La etiqueta es un código social.

Una red de ordenadores es un conjunto de ordenadores que pueden comunicarse de forma digital. Las redes son equipos que comparten señales. La comunicación digital consiste en impulsos eléctricos que representan 1 y 0, de código binario, a los ordenadores que interpretan el lenguaje de máquina y lo mostrará en las pantallas.

La etiqueta es un código social de la conducta de acuerdo a los estándares convencionales. La forma más popular de hacer las cosas es el código social. Como resultado, la etiqueta de la red es el código social de la Internet debido a que el Internet es una red informática y la etiqueta es un código social.

El Internet es una colección de señales digitales que los equipos comparten. Es un medio de comunicación. Normas de comportamiento es el aspecto social de las señales digitales. Lo que hacemos ay obtenemos de la red.

Lo que hacemos a la red es crear sitios web para ya través de la comunicación. La comunicación a través de Internet construye sitios web en todos los niveles. Añade más datos.

Las reglas de etiqueta de la red son las normas culturales. Se basan en los principios de la Internet. Principios crean convenciones. En otras palabras, el uso popular de la Internet crea reglas de netiqueta basadas en creencias comunes. Una vez que un gobierno popular se convierte en conocimiento común, que se enseña en una escuela, es un principio en sí.

Reglas de Netiquette son el código social de la sociedad de Internet que se muestra por la forma en que los usuarios interactúan con la información y las personas en Internet. Es un acrónimo, la combinación de dos palabras, de la red y la etiqueta. En él se describe la Internet, ya que es el más grande de la red. El Internet es un medio de comunicación. Las reglas de etiqueta de la red son la cultura de la comunicación a través de él.

Historia de Netiquette

Netiquette tiene más de un Su Historia de un su. Las personas que utilizan el sitio son las mujeres y las escuelas predominantemente altamente educados. Sin embargo, las reglas fueron escritas por David Chiles.

La historia de la etiqueta de la red comienza con la etiqueta de la red Internet, porque era una palabra creada para su uso en el mismo año la palabra Internet fue utilizado por primera vez. El Internet es una colección de equipos que comparten señales digitales en el dominio público, un medio de comunicación. La adhesión a las convenciones culturales surgió cuando los usuarios comenzaron a compartir información.

Netiquette comenzó de inmediato, porque su uso es natural. Es la cultura de compartir información en Internet, porque Internet es un medio de comunicación. Compartir es la comunicación a través del medio. Esto es posible gracias a la interpretación de las señales digitales. Los lenguajes de programación directa de señales digitales para mostrar la información en las pantallas de vídeo a través de Internet.

La Agencia de Proyectos de Investigación Avanzada comenzó a trabajar en el Internet en respuesta al primer lanzamiento de un satélite en 1958. El satélite Sputnik fue lanzado en 1957. Email fue un precursor de la moderna Internet. El software fue desarrollado en 1971.

Grupos de noticias de Internet surgió en el año 1982. El sistema de direcciones de nombres de dominio se inició en 1984. Las primeras páginas web se utilizaron en 1985. En 2006, comenzó a publicar NetworkEtiquette.net reglas de netiqueta.

Sputnik fue el primer satélite en el espacio. En respuesta a su lanzamiento de Dwight D. Eisenhower creó la Agencia de Proyectos de Investigación Avanzada (ARPA). ARPA se inició un año después del lanzamiento del Sputnik. Se inició en el año 1958. Esto fue una agencia dentro del Departamento de Defensa de Estados Unidos, que supervisó la creación de la Internet. Dwight D. Eisenhower creó el internet.

La primera transmisión de Internet no se produjo hasta 1969. Un profesor supervisó un estudiante intente un inicio de sesión desde un equipo remoto. Se transmitieron El l y o. El terminal se estrelló cuando el g fue de entrada.

El correo electrónico es donde comenzaron netiqueta o Internet. Es la primera aplicación de Internet antes de que Internet se llama Internet. Se han desarrollado programas de software para enviar mensajes electrónicos a las computadoras como una alternativa a la telefonía.

El primer programa de correo electrónico se desarrolló en 1971. Fue diseñado por el símbolo @ como el identificador de red. Esto fue antes de que existieran los nombres de dominio.

Grupos de noticias de Internet comenzó en 1982. Grupos de noticias son los grupos de usuarios de las aplicaciones de software foro. Los foros son sitios web de primera generación, la web 1.0. Los participantes, usuarios, publicar artículos.

Artículos de Forum son cuentos sobre diversos temas, desde noticias a humor. La primera generación del uso de Internet fue simplemente conectando a un ordenador remoto para descargar un archivo en un equipo local.

La palabra netiqueta apareció por primera vez en Internet en 1982. Fue escrito en un post en el foro. Netiquette fue escrito en el post el 15 de noviembre de 1982. Era una broma dentro de un poste artículo humorístico.

Web 2.0 se inició cuando las páginas web fueron primero usados para conectar entre sí a través de hipervínculos en 1985. HTML fue creado de un estándar de la industria informática, Standard Generalized Markup Language (SGML) en 1984. La primera de dominio fue registrado 15 de marzo 1985, Symbolics. COM.

Esto comenzó una nueva era de la comunicación por Internet que era algo más que el consumo de información. Web 2.0 incluye la producción de información y la participación interactiva. JavaScript, el acceso de base de datos, y las plantillas hechas las páginas web dinámicas posible.

La palabra netiqueta convirtió uso apropiado durante la era de la Web 2.0. NetworkEtiquette.net registrado el dominio y comenzó a publicar las reglas de netiqueta. Las escuelas y las iglesias usan las reglas de etiqueta de la red por NetworkEtiquette.net. Es el estándar de etiqueta de la red.

Las palabras adecuadas para el uso popular se utilizan por primera vez en la educación o la religión. Netiquette es enseñado por ambos. Por lo tanto, la netiqueta es una palabra apropiada porque se enseña en la escuela y en la iglesia.

El Internet está entrando ahora en la tercera generación, la Web 3.0. Esta generación de sitio web es adaptativo. Influencias de extracción de información de diseño y presentación. Netiquette tiene más reglas.

Principios de la Netiquette

Pensando en principios como una creencia es como la mayoría de la gente piensa de ellos. Como algo que se nos enseñó de forma individual por una sociedad que forma parte de una sociedad más amplia. Son algo más que una creencia. Principios gobiernan todo lo hacen los humanos conscientemente. La conciencia requiere la educación, la religión, o ambos.

Los principios son verdades básicas y reglas fundamentales, la ley natural. Un principio es una proposición que sirve de base para el comportamiento razonamiento. Es una regla o una creencia y que influye en las acciones.

Los principios de la Internet son los siguientes: La regla de oro, Etiqueta, Social Media, Mobile, Educación, Seguridad, Negocios, E-mail, y el vídeo. Estos principios son las razones de lo que hacemos en Internet y cómo lo hacemos. Influyen en el Internet en diversos grados. La influencia depende del sitio y de usuario.

Los principios de la netiqueta se basan en la regla de oro. Es la verdad fundamental que influye en toda la conducta. Una creencia en Dios, que influye en el comportamiento social. Trata a los demás como quieres ser tratado. Con el fin de seguir la regla que tiene que creer que otros sigan la regla. El gobierno de Dios porque es la entidad atribuye su creación.

La regla de oro es la creencia subyacente de la interacción social. Es la libertad. Todo el mundo es libre de tratar a los demás como quieren ser tratados.

La regla de oro es a menudo llamada regla de reciprocidad. Reciprocidad significa que una persona intercambia algo igual con otro. Una persona que ayude a alguien recibirá ayuda.

Las sociedades se forman sobre la base de este principio. Las escuelas están construidas sobre el mismo. La gente aprende de ella. El conocimiento derivado de la Regla de Oro creó la sociedad mundial actual porque todo el conocimiento se ha adquirido de los sistemas en función de su uso. El Internet es un producto de la misma.

Los principios tienen principios. El conocimiento tiene muchas capas. La mayoría de las creencias se basan en algo más. Principios influyen en nuestras acciones porque son comúnmente creencias, conocimientos comunes aceptadas. Cosas que todos estamos enseñaron en la escuela es de conocimiento común.

El conocimiento común puede ser identificado por las normas cuantificables. Se puede probar. Podemos medir las cosas comunes de una manera común. Cuando hay un acuerdo en principio, que se puede medir.

Las creencias acerca de la cultura de Internet, netiqueta, son desarrollados por la experiencia. La educación es una gran influencia también. La Internet fue creada para preservar la libertad en respuesta a la primera de lanzamiento de satélites.

Es una herramienta para mantener un mundo libre de compartir información. La mayoría de personas en el mundo pueden experimentar la Internet. La educación formal en torno a su uso es en la programación de computadoras. La educación formal en torno a su aplicación es en los negocios. Informalmente, se enseña en los talleres, en las bibliotecas, y en el trabajo con las convenciones de software, programas comunitarios y la capacitación laboral.

La infraestructura se ha construido. El conocimiento común, la educación, administra internet. Normas de comportamiento es el resultado. Los principios de la Internet incluyen etiqueta de Internet, las redes sociales, móvil, seguridad, educación, negocios, correo electrónico y video.

La Regla de Oro

Todo el mundo tiene que creer en algo o en la vida no tiene sentido. Países, grupos y clubes utilizan las creencias comunes como base para formar sus sociedades en una sociedad mayor. Creencias comunes gobiernan nuestras acciones.

Existe la sociedad mundial basada en la regla de oro. Trata a los demás como quieres ser tratado. Se ha registrado a lo largo de la historia como la regla que rige las acciones de la sociedad.

La regla de oro es la creencia común que une a los principios de etiqueta de la red juntos. Es que, "Haz a los demás como quieres que te hagan a ti". En otras palabras, tratar a los demás como quieres ser tratado. Reglas de Netiquette pueden no contradicen esta regla, ya que es la base.

La regla de oro es la creencia subyacente de Netiquette que implica una creencia en Dios, porque la regla es considerada como la palabra de Dios. Dios existe. Nos tratamos unos a otros como tal.

La libertad, la reciprocidad y la ayuda mutua son las consecuencias lógicas de la creencia en Dios. Esto permite una comunicación efectiva, debido a un acuerdo sobre la base de nuestras acciones. Podemos comunicar entre sí para obtener un resultado deseado porque estamos de acuerdo sobre cuál debe ser el resultado de nuestras acciones. La comunicación efectiva en Internet abarca los principios de brevedad, claridad, y la ética, porque estamos de acuerdo en lo que es Internet para. Los principios de la internet.

Normas de comportamiento es una filosofía de la comunicación efectiva ya que Internet es un medio de comunicación. Normas de comportamiento es el código social de la misma. Por lo tanto, Netiquette es un código social de la comunicación efectiva en Internet debido a que el Internet es un medio de comunicación y la etiqueta de la red es el código social de la misma.

La comunicación efectiva en Internet produce un resultado deseado. En principio, es corto, dulce, y al punto. Es decir, breve, clara y ética.

La brevedad es un principio de la comunicación eficaz de Internet ya que los mensajes largos no son bien recibidos. La claridad es un principio de la comunicación eficaz de Internet ya que la información tiene que ser clara para la comprensión. La ética es un principio de la comunicación eficaz de Internet porque las mentiras invalidan una red. Sin verdad no hay nada.

Siglas, acortadores de enlaces, correos afirmación (gustos o el amor), y la ley de Moore, son ejemplos de la influencia del principio de la brevedad en el Internet. La claridad se denota con una comprensión del contexto combinado con el conocimiento de la intención autores. No es ambigua. La ética está haciendo las cosas bien con la comprensión de lo que es bueno, justo y honesto.

La regla de oro es el responsable de la sociedad en la realidad, así como la Internet. Es la base de la moralidad que rige las normas culturales en línea. De este principio un sistema de comunicación eficaz fue creado que permite a otros para comunicarse en línea para un resultado deseado. Trata a los demás como quieres ser tratado.

Etiqueta de Internet

El I en internet significa I. El Internet tiene una única interfaz de usuario para comunicarse con los demás a través de él. Es una forma de comunicación que se utiliza a menudo solos. Relacionarse con los demás y los datos requiere la consideración de los demás, la etiqueta.

Los principios de la Internet Etiquette son Ciudadanía Digital, Diseño Web y Desarrollo, y semántica. Principios de Ciudadanía Digital son las creencias comunes acerca de la forma de comunicarse en Internet. Diseño y desarrollo de principios son los lenguajes estándar para la creación de aplicaciones, páginas web y aplicaciones móviles. Semántica son los formatos estándar para dar el significado contenido en los equipos.

Las normas de Ciudadanía Digital son principios de Internet Etiqueta porque son las más acordadas creencias sobre el comportamiento. Hay un nivel mínimo de acceso. Diseño y Desarrollo son principios de etiqueta de Internet, ya que son los acordados técnicas de programación para la transmisión que se muestra en Internet. La capa inferior de la interacción. Semántica son principios de Internet Etiqueta porque son el acordadas técnicas para dar sentido a los datos de los ordenadores que se transmiten a nosotros en su contexto.

Ciudadanía Digital es un principio fundamental de Internet Etiqueta. Se basa en la creencia en la responsabilidad personal. Una norma mínima para la participación en línea. Acordado estándares para todo el que lo usa, lo diseña, desarrolla, y busca en ella. Los requisitos permiten a los usuarios de Internet a participar libremente.

Se requiere acceso a Internet para ser un Ciudadano Digital. Una persona debe utilizar el Internet para participar en la sociedad de Internet. Una dirección de correo electrónico es el nacimiento de una imagen en línea.

El correo electrónico es una forma basada en texto de comunicación de internet independiente de sitios web que se puede acceder a ellos. Se utiliza para abrir cuentas de

HTML basado. Esto hace que sea un componente necesario de Ciudadanía Digital, ya que permite la existencia social, cuentas de Internet.

Con el fin de ser un Ciudadano Digital un individuo debe saber la mayor parte acordada convenciones de la comunicación por Internet, en principio. Una persona debe saber lo que otros usuarios de Internet lo hacen para conseguir el resultado deseado para lograr una ellos mismos. Es parte de conocer el bien y el mal en el componente ético que subyace en todo. Las reglas básicas de etiqueta de la red.

Social Media es la forma más popular de la comunicación por Internet. Es User Generated Content (UGC). Noticias informado por los amigos, los medios de comunicación sobre la base de contacto dentro de un contexto social. El uso popular de la Internet es abrir una cuenta de medios de comunicación social con una dirección de correo electrónico para crear y compartir contenido con amigos, seguidores y fans. Las redes sociales y micro-blogs son los más populares tipos de cuentas de redes sociales.

HTML, CSS, PHP, JavaScript, Ruby, JQuerry, Node.JS, Meteor, Ruby, JQuery, SQL y Oracle son los lenguajes de programación utilizados para diseñar y desarrollar sitios web. Estos son socialmente aceptadas normas para la comunicación de red de ordenador a través de infraestructura de telecomunicaciones. Hay otras maneras. Lenguajes de programación tradicionales pueden ser utilizados en el Internet con plug-ins.

Lenguajes de programación de Internet son utilizados por los diseñadores y desarrolladores web para transmitir datos a través de internet. Se regulan las normas de etiqueta de

Internet por organizaciones de la industria y las empresas que los crean. Esto los principios que rigen el diseño de páginas web y desarrollo, ya que se les enseña en las escuelas hace. El W3C es la organización más grande para los estándares de programación de Internet.

Semántica son las convenciones de los programadores utilizan para dar contenidos digitales contexto social para los buscadores. Se trata de cómo los seres humanos se explica qué quiere decir algo a un ordenador. Es cómo un equipo explica lo que quiere decir algo a un ser humano. Todo lo que se puede identificar de forma única puede ser un recurso para la comprensión. Las técnicas son cuantificables estándares de diseño web de la etiqueta de Internet, ya que se les enseña en las escuelas.

La semántica es el estudio del significado. Los estándares web para dar significado contenido son los principios de la semántica. La estructura Resource Description Framework (RDF) se puede utilizar para escribir código semántico. Se puede utilizar con XML para dar significado de datos. SPARQL, Open Graph (OG), y otras técnicas se utilizan también para singularmente datos de identidad con un identificador uniforme de recursos (URI).

Medios de Comunicación Social

El Internet comenzó con el correo electrónico. Páginas web proporcionan información importante. Esas cosas son grandes, pero, Social Media es lo que hace que sea divertido para la mayoría de nosotros. Amistades de alta calidad optimizado para la máxima simpatía.

Los principios de los medios sociales son la calidad, la amistad, y la optimización. La calidad del contenido que cura, crear y consume define su experiencia de Social

Media en principio. Amigos y seguidores validar los perfiles de una forma cuantificable.

Cuantos más amigos tengas en los medios sociales más válido un perfil está en función del tipo de amigos que son. La optimización es un principio de los medios sociales porque cultiva User Generated Content (UGC) para mostrar su calidad. Esto atrae a los amigos, seguidores y fans con técnicas cuantificables.

La calidad es el principio más influyente de los medios sociales. Es un atributo particular. Reglas de contenido de alta calidad de medios sociales. Contenido proporciona una experiencia de afirmar, comentar, compartir o de otra manera participar. Las normas comunes de calidad pueden medirse por la participación que genera. Contenido de calidad genera más contenido, de compromiso.

Amistad proporciona validez cuantificable de su imagen en línea por quienes son tus amigos. En medios de comunicación social debe ser un buen amigo para hacer buenos amigos, en principio. Siga a otros a seguir. Ser un fan de tener fans.

Los principios de Social Media Optimization (SMO) muestran una red dada su contenido. Ellos incluyen la investigación de palabras clave, compromiso, y la estrategia. Palabra clave de investigación asegura que cura el contenido para su público objetivo. Engagement conserva amigos, que influye en el ranking. Estrategia identifica la actividad que le ayudará a cumplir los objetivos de medios sociales con un plan para tomar las medidas objetivas.

Contenido de alta calidad hace que los contactos de medios sociales como usted porque tienen intereses mutuos. SMO ayuda a los nuevos contactos que se encuentran con una estrategia planificada. Haz tu mejor esfuerzo, sus amigos le gustaría por ello. Haga SMO, nuevos amigos encontrarán a través de él.

Móvil

Los principios de móvil son la sencillez, fiabilidad y utilidad. Mobile se refiere a la industria con la Internet como el tema central. La simplicidad es un principio de móvil porque la industria tiene un espacio limitado para transmitir datos en comparación con otros métodos. La fiabilidad es un principio basado en la conectividad porque una conexión fiable se requiere para la transmisión. La utilidad es un principio de móvil porque Aplicaciones hacer la industria móvil útil.

El principio de simplicidad se utiliza para construir, diseñar y navegar por sitios web móviles en los dispositivos móviles. Sitios web móviles están diseñados simplemente para dispositivos móviles. Los dispositivos móviles son lo suficientemente pequeños para ser utilizados en nuestras manos. Son de mano. Por lo tanto, las páginas web y dispositivos están diseñados simplemente porque la industria se basa en los dispositivos que son lo suficientemente pequeños para caber en las manos.

La simplicidad se denota por algo que es fácil de usar que carecen de ornamentación. Restricción se emplea al crear dispositivos debido a las limitaciones de tamaño. Restricción se muestra en el diseño web, limitando gráficos.

La fiabilidad es un principio de la telefonía móvil ya que los dispositivos tienen que ser compatibles para su uso. La coherencia se basa en la creencia de la conectividad.

Tenemos que estar conectado a Internet para utilizarlo. Móvil debe tener una conexión fiable para ser utilizado.

La utilidad es la aplicación del dispositivo móvil. Es la forma en que utilizamos Internet. Sitios web móviles. Las aplicaciones son sitios web para móviles. Hay un App para todo. Sitios web proporcionan recursos adicionales en diversos grados sobre la base de la capacidad de adaptación.

Mobile es como lo hacemos, ya que se usa simplemente por todas partes debido a su fiabilidad en todas las aplicaciones. En principio, se puede sostener en la mano para usar como una guía en la mayoría de cualquier actividad sea humanamente posible. Es una conexión con una nube de servicios disponibles a través de dispositivos de diseño simple con aplicaciones de internet de información.

Educación

La forma en que se nos educa está cambiando. Recursos educativos gratuitos cuya inversión financiera es de bajo a recibir están empezando a democratizar la educación. Gratis todavía requiere una inversión financiera porque el dinero tiene un valor de tiempo.

Es más difícil ser educado en línea que en realidad, en principio, pero puede ser la única manera de conseguir la educación que necesita. El I en Internet se está moviendo hacia la educación un camino individual, así como todo lo demás. Becas es el principio de la educación en línea, ya que requiere una gran cantidad de estudios para aprender en línea.

Beca se mide por el logro de los objetivos educativos del alumno. La educación es la adquisición de conocimientos. Beca se basa en los principios del aprendizaje y el logro.

Se requiere de aprendizaje para la adquisición de conocimientos. Estudiar es la manera de aprender. Educación por Internet, las clases en línea, requieren más tiempo estudiando que los métodos tradicionales de aprendizaje de los mismos conceptos.

Tradicionalmente hay alguien para ayudarnos a aprender. El aprendizaje en línea se realiza generalmente de forma aislada. Usted debe estudiar más tiempo para aprender en línea, en principio, porque hay menos apoyo individual.

Logro se obtiene el estado unido a las habilidades adquiridas en la educación. Beca a Internet se realiza, en principio, cuando se utiliza el conocimiento adquirido a partir de una educación en línea, ya que es un logro. Se reconoce socialmente por certificados de participación y los logros.

Las clases en línea proporcionan certificados que se reconocen las formas de realización. Cursos en Línea Abrir masivas (MOOC 's) son gratuitos. Las escuelas de bajos costos de programación ofrecen una mejor educación que las clases en línea acreditados ya que están diseñados para el éxito de los estudiantes. Estas son las formas culturalmente aceptadas de educación en línea.

Las clases en línea que ofrecen los colegios con las normas de aceptación no es un principio de la educación internet. Ellos están de acuerdo en las normas de la junta directiva de la universidad. Las universidades tienen un interés en los estudiantes que fallan. Su legitimidad se basa en la acreditación en lugar de éxito de los estudiantes.

La educación en línea es gratuito en principio. En la práctica, existen requisitos mínimos que cuestan dinero y las escuelas de bajo costo de programación que ofrecen una mejor educación que las instituciones acreditadas con las clases en línea.

La educación en línea es cómo la sociedad está alcanzando las metas sociales, ya que se está difundiendo información y conocimientos de hechos. Cuantas más personas que participan de la más pacífica del mundo se convertirá.

Dios existe, literalmente, como un hecho porque el concepto se puede explicar semánticamente en la aplicación de la Internet. Educación extiende este hecho. Es un hecho que las personas educadas son pacíficas. La violencia es una estupidez.

La paz mundial se logrará a través de la educación. Estamos trabajando juntos para llegar allí. Está en las nubes.

Seguridad

Si no es seguro, la mayoría de la gente no lo hace. Esa es la naturaleza humana. Esa es la netiqueta. Se espera de seguridad. Es la mayoría de los países a los que es obligatoria por ley.

El principio de seguridad está estrechamente relacionado con la regla de oro. Tenemos un instinto básico de mantenerse alejado de las cosas que tememos, la aversión al riesgo o peligro. La seguridad es la ausencia de estas cosas.

Hay una creencia subyacente de los usuarios de Internet que tenemos derecho a estar seguros en toda la interacción de Internet, es natural. Viene de la regla de oro. Seguridad en Internet se logra en principio la seguridad de Internet y la seguridad personal.

La seguridad en Internet es una creencia subyacente de los usuarios de Internet. La mayoría de las personas que usan el Internet creen que debería ser seguro para comunicarse a través de él. Seguridad en Internet se basa en nuestro conocimiento de la seguridad en Internet. Principios de seguridad personal se pueden aplicar a internet, en principio, también. La seguridad en Internet es el software anti-virus, en principio, para protegerse personalmente. Conciencia le protege personalmente.

La seguridad comienza con la regla de oro. Practicamos la seguridad en Internet, la seguridad de Internet y la seguridad personal, sobre la base de nuestras creencias acerca de la ausencia de peligro, daño o riesgo. Anti-virus nos protege en principio. La conciencia de estafas o amenazas de seguridad nos protege. Nos mantiene en la condición de estar a salvo. Una contraseña segura es el principio más básico de la seguridad en Internet.

Negocios

Negocio se hace en Internet de muchas maneras diferentes. Es personal porque el Internet tiene una interfaz de usuario personal. Personal es profesional que en el negocio de Internet. Puesto que la comunicación es digital, es fácil de cuantificar lo personal su compromiso negocio puede ser para impulsar las ventas:)

Search Engine Optimization (SEO), pago por clic (PPC), y la Decisión de Gestión de la Ciencia (MDS) son los principios de negocio en línea. SEO es un proceso de la vinculación de vuelta para elevar el ranking de un sitio web en el motor de búsqueda las páginas de resultados (SERP). PPC es el uso de anuncios pagados para atraer tráfico a un sitio web. MDS es el uso de fórmulas para crear relaciones que ayudan al proceso de toma de decisiones empresariales.

SEO es un principio de negocio en línea, ya que dirija el tráfico a sitios web. Un negocio en línea necesita el tráfico para hacer negocios. El tráfico es igual a clientes. SEO impulsa a los clientes a sitios web con los resultados de búsqueda de alto rango de palabras clave relacionadas. Por lo tanto, el SEO es un principio de negocio en línea, ya que ofrece a los clientes interesados a un sitio web basado en palabras clave asociadas a él.

La marca es principio de SEO porque asocia los sitios web con palabras clave. La venta de productos es una extensión de la marca. El Internet se utiliza para vender productos de forma directa e indirecta a través de la marca. La marca es el compromiso con las partes interesadas. La marca es lo que hace única a ellos por diseño.

La promoción es el paso de acción del proceso de branding. Una marca es algo único. Tiene que ser promovidos, se ofreció a los consumidores con ofertas, descuentos, concursos y contenidos especiales a realizar, en principio. La publicidad pagada es la forma más eficaz de promoción. Búsqueda orgánica es el más respetado.

La publicidad PPC es un principio de negocio en línea, ya que trae el pago de los clientes a un sitio web. Las personas que hacen clic en la publicidad de pago son más propensos a hacer una compra en el sitio web de los que llegan en los resultados de búsqueda orgánicos. Como resultado, la publicidad PPC es un principio de negocio en línea, ya que es un método efectivo para aumentar las ventas.

MDS es un principio de negocio en línea porque las fórmulas producen relaciones que brindan asistencia con la toma de decisiones empresariales. Coste por clic (CPC), Retorno de la Inversión (ROI), y conversión de fórmulas y proporciones que proporcionan orientación para la toma de buenas decisiones de negocios en línea. Por lo tanto, el MDS es un principio de negocio en línea, porque CPC, ROI, y conversión son relaciones esenciales y las fórmulas para la toma de buenas decisiones de negocios.

El Internet lo hace a través del compromiso personal de negocios medido profesionalmente a través de la aplicación de la Decisión de Gestión de la Ciencia. Mostrando personalidad para un mejor compromiso es profesional en Internet. Branding, la promoción y la publicidad, es el lado profesional de las relaciones personales con fines comerciales. Se mide por las estadísticas. Las fórmulas se utilizan para crear relaciones, que nos ayudan a vender nuestros productos o servicios.

Correo Electrónico

Tengo que romper hacia abajo que el correo electrónico es la forma en la Internet comenzó para que todos puedan comprender el concepto. Estados Unidos de América.

La Constitución de los Estados Unidos es el internet, en esencia, ya que fue creado por una agencia dentro del Departamento de Defensa, que tiene el único propósito de defenderla. Debe saberse que defender. El programa de correo electrónico SND MSG se perfeccionó antes de ARPA lo consiguió en 1972. Por lo menos usted puede enviar por correo electrónico la Constitución en ese punto.

Los principios de correo electrónico son la autenticidad y el estilo de pirámide invertida de la escritura. El correo electrónico es un mensaje electrónico que puede contener datos importantes. Autenticidad lleva un montón de cosas en consideración en lo que respecta a la dirección de correo electrónico. Spoofing, coger todas las direcciones, correo no deseado, y las firmas son las cosas a tener en cuenta para la participación de correo electrónico. La pirámide invertida es un estilo de escritura para el intercambio de información importante.

La autenticidad es un principio de correo electrónico porque se aceptan mensajes de correo electrónico auténticos. Son válidas. Spam o phishing, peticiones no solicitadas de información, no es auténtico. Líneas de asunto fuerte y firmas son la evidencia de mensajes de correo electrónico auténticos. Por lo tanto, la autenticidad es un principio de correo electrónico debido a fuertes líneas de asunto y firmas reducen correo electrónico no deseado.

Correo electrónico tiene que ser real, ya que es la forma en que construimos nuestras vidas en línea. También es la forma en la internet comenzó. Lo utilizamos para verificar las cuentas en línea para usar el Internet en todas sus aplicaciones. Es todo acerca de la autenticidad. Correo electrónico tiene que ser leído para la comunicación a ocurrir. El formato periodístico Pirámide invertida está diseñado para facilitar la lectura.

Vídeo

Hay un dicho que una imagen vale más que mil palabras. Online que una imagen vale más que mil vistas, metafóricamente. Esto hace que el vídeo de gran valor, ya que es una serie de fotografías.

Una gran cantidad de imágenes es igual a muchas de estas vistas. El video online es una imagen en movimiento con raíces en la industria cinematográfica. Engagement se determina por el tiempo del reloj. Esto es impulsado por los abonados. Descripciones se pueden optimizar, en principio, para conducir tiempo de reloj también.

Watch Time es el principio más influyente de vídeo en línea. La gente debe ver el video en línea para que pueda ser transmitida, se transmiten. Observe el tiempo se ve afectada por la compatibilidad. MP4 es el formato de vídeo digital más compatible para los sitios web para compartir video.

Un principio fundamental del vídeo es la narración de historias. Vídeo y video juegos cuentan una historia a participar a los espectadores.

Capítulo 2 Regla de Oro

La palabra de Dios está escrito en el dólar de los Estados Unidos de América. El dólar de EE.UU. es la unidad estándar de valor monetario. Monedas del mundo se miden por el mismo. Por lo tanto, Dios es la base de la civilización mundial ya que el sistema económico mundial se basa en una unidad de medida que se deriva la legitimidad de Dios. En Dios confiamos.

El principio de la etiqueta de la red es la regla de oro. Esto implica una creencia en Dios, ya que es de donde viene. *Trata a los demás como quieres ser tratado.* Acción positiva en línea o los datos se basa la sociedad de Internet. Los datos negativos se resta de él. Este principio construido la civilización. El dinero se basa en ella. Netiqueta se basa en él también.

La creencia común en Dios permite la comunicación efectiva cuyos principios son la brevedad, la claridad y la ética. Resultados efectivos de comunicación en línea en un efecto deseado. Los principios de la misma son los acordados métodos.

La brevedad es utilizado en principio mediante la inclusión de la información necesaria sólo en la comunicación por Internet. En la práctica se utiliza acrónimos, enlace acortadores, y afirmaciones de correos (likes) por breve comunicación en línea. La Ley de Moore nos mantiene esperando que todo sea breve.

Lengua estándar se utiliza para ser claros. No argot. La claridad es entender el contexto. La información debe estar libre de ambigüedad, sin ambigüedades.

La ética está haciendo lo correcto. Es necesario saber lo que es bueno, justo y honesto de acuerdo con los estándares populares, en principio, a hacer lo correcto.

La comunicación efectiva se hace posible una vez que entendemos el uno al otro. La Regla de Oro define la comprensión en el sentido más básico. Entendemos que debemos ser conscientes de la forma en que tratamos a los demás. Hay principios de la comunicación en línea que estamos de acuerdo que contribuirá a la consecución de un resultado deseado. Brevedad, claridad, y la ética son los principios de la comunicación en línea eficaz.

Regla de Oro

El Internet demuestra la existencia de Dios. Esto sorprende a la mayoría de las personas debido a que el Internet es digital. Dios es real. La palabra de Dios está siendo difundida a través de Internet. La regla de oro es un principio religioso. Viene de Dios.

Trata a los demás como quieres que te hagan a ti. Esta es la regla de oro. Literalmente, significa tratar a los demás como quieres ser tratado. En esencia, el significado de ser agradable y amable.

Esta es la norma religiosa que el mundo civilizado de la historia. Es el principio de la interacción social, la conciencia.

Dios

Dios es responsable de la creación de la humanidad. El concepto puede ser identificada como una creencia en un creador. Persas crearon la civilización occidental mediante la enseñanza de la regla de oro. Ellos gobernaron como dioses que enseñan a sus seguidores a tratar a los demás como quieren ser tratados.

La regla de oro implica una creencia en Dios, porque viene de Dios. Las personas que creen en Dios trata a los demás como quieren ser tratados. Tratan a la gente como que hay un Dios, agradable y amable.

Tratar a los demás como quieres ser tratado ha creado un mundo bajo Dios. Todo el mundo utiliza el sistema monetario derivado del concepto. Tratar a los demás en línea la manera que usted desea ser tratado creará una Internet bajo Dios. Todo el mundo va a utilizar el medio de comunicación social regulada por tratar a los demás como quieres ser tratado.

La regla de oro es religiosa porque hay que aceptar la existencia de Dios. Dios la creó. Es natural. Si yo trato a los demás como si hay un Dios, entonces quiero que otros me tratan como si hay un Dios. Un creyente crea la existencia de Dios con ella o con sus acciones. Yo soy un creyente.

La Regla de Oro, simplemente se puede aplicar a la Internet por ser amable y bondadoso. Dar elogios es agradable. Un elogio puede venir de un comentario, afirmación u otra participación en línea. Si quieres que la gente te dan elogios, se deduce de la regla de oro que, usted debe darles elogios primero. Es mejor dar que recibir, en principio.

Dios vive en línea en forma de buena etiqueta de la red. La palabra de Dios se extiende en línea, literalmente, por aquellos que lo comparten. La comunicación buena que es breve, siglas de su público sabe, enlaces cortos que pudieran tener, y cumplidos, sin significado oculto es el principio implícito de etiqueta de la red. Es la consecuencia de la regla de oro.

Las relaciones sociales se forman en base a la regla de oro. La sociedad es todas las relaciones sociales. Crean la sociedad. Por lo tanto, la regla de oro creado la sociedad porque las relaciones sociales se forman de la misma.

La Regla de Oro ha sido un principio de la sociedad ya que la historia ha sido registrado. Es la creencia subyacente en Dios que el mundo civilizado occidental desde los persas hasta ahora. Se enseñaba en la filosofía oriental también. Históricamente, la regla de oro siempre ha estado en uso, ya que hay un Dios.

Trata a los demás como que hay un Dios y que hay un Dios. No puede ser negado si usted actúa como él. Persas fueron los primeros en enseñar este principio. La Biblia unificó su enseñanza bajo un mismo Dios.

Sociedad civilizada Dios porque tratar a los demás de acuerdo a los estándares de Dios es la base de la filosofía occidental. Un Dios redujo conducta incivilizada, porque todos siguen las mismas normas.

La Regla de Oro, un principio religioso, el mundo civilizado con la creencia en un solo Dios. La religión es como la sociedad y la civilización llegó a ser. Todo estaba organizado a partir de un punto de vista religioso, con la creencia común en Dios como la base.

La regla de oro es la creencia subyacente de un mundo civilizado. Es un motivo recurrente en la fe católica y de otras religiones o normas éticas. Está en la Biblia.

La Biblia y sus contenidos incluyen los textos sagrados de las religiones dominantes en la filosofía occidental. Es el libro sagrado de los cristianos. Contiene las sagradas enseñanzas de los Judios de su Torá. Los musulmanes son la Torá y la Biblia en su libro sagrado, el Corán.

La Biblia católica es la cuenta más completa de la fe cristiana. La edición de King James es una versión truncada de la Biblia católica. Los libros fueron retirados de la versión King James de la simplicidad.

Asia cuenta con enseñanzas similares a la Biblia. La regla de oro es un principio de la filosofía oriental también. Hay una historia de la creación común en la filosofía asiática. La historia de la creación de Asia no niega la Biblia. Creación en la Biblia es la conciencia.

La existencia de Dios puede ser explicado científicamente, así como conscientemente. El conjunto negro cerca de la Vía Láctea es el cielo. La radiación del sol es la presencia de Dios en todas partes.

El cielo es una masa densa que atrae la luz, se creó la tierra, y no se puede ver. No se puede ver, pero sabemos que está ahí porque de las órbitas planetarias. Esto es ciencia. Sé que está ahí porque sé que hay un Dios.

La Biblia es la filosofía occidental. Una historia de la creación común con la regla de oro es la filosofía oriental. Ellos son el mismo en principio. La regla de oro es enseñado por la Biblia, la Torá, el Corán, y Confucio. Estas son las filosofías religiosas líderes en el mundo.

La Regla de Oro une al mundo sobre la base de una creencia común en Dios. Un reconocimiento de que Dios existe porque la gente cree y actuar en consecuencia. Los que actúan en consecuencia forman parte de la sociedad mundial.

La regla de oro de la Netiquette trae la Internet juntos en la misma forma. Los que practican la netiqueta apropiada forman parte de Internet Society. Es el principio sobre arqueo. Nos protege con conciencia porque somos libres de ser amable y ser tratados de esa manera. Dios es nuestro protector.

Sociedad

La sociedad es la suma de las relaciones sociales en una región geográfica determinada. Existen subculturas y otras sociedades dentro. Todo comienza con tratar a los demás como quieres ser tratado, la conciencia social.

La práctica de la regla de oro requiere fe que los demás te tratan como te tratan. Tenemos fe en Dios de que la gente nos tratará agradable y amable si los tratamos agradable y amable. Esta fe implica la libertad, la reciprocidad y la ayuda mutua.

El principio pasa la prueba en la sociedad de Internet. En la vida real, puede ser más difícil de ver la regla aplica porque hay muchas variables. En línea, dar elogios crea una relación. Recepción de ellos a cambio crea una sociedad de Internet. Es el reconocimiento.

Libertad

La libertad está implícita en la regla de oro, porque tenemos una elección de la forma en que queremos ser tratados por la forma en que tratamos a los demás. Esto implica la bondad y la creencia en Dios. La bondad, porque es natural querer ser tratados especie. Una creencia en Dios porque es allí donde la regla viene. La regla de oro de la Netiquette es hacer a los demás en línea como lo habría hecho. Todo está relacionada con el Internet también.

El principio de la interacción social es la base de la civilización, la libertad, y la creencia en Dios. La creencia en un solo Dios civilizada del mundo. Otorga libertad a los que practican la regla de oro. La libertad de tratar a los demás como si hay un Dios, y ser tratados de la misma, agradable y amable.

Las Reglas de oro permite a los individuos a decidir cómo quieren ser tratados por la forma en que tratan a los demás. Esto es lo que enseña la religión organizada. Es un principio de la sociedad dada la historia de la regla. Los gobiernos suben y bajan, Dios es una constante.

El Internet estaba destinado a ser libre. Fue creado para preservar la libertad de las personas de casos que no permiten que la creencia en Dios dominar el mundo. La intención de todas las comunicaciones de Internet es el de preservar la libertad. Se construyó para difundir la palabra de Dios.

Todos los autores de la Constitución de los EE.UU. eran creyentes en Dios. El documento fue creado para preservar esta creencia. El Internet fue creado para preservar los EE.UU.. El principio de los EE.UU. es la Constitución. Por lo tanto, el Internet fue creado para preservar la existencia de Dios porque fue creado para preservar los EE.UU. un país formado por la creencia en Dios.

Las revoluciones ayudados por Internet son una prueba de este principio de entendimiento. No somos libres si el gobierno trata a los demás de una manera que no puedan ser tratadas. Va en contra de nuestra fe común en Dios. Sé que su es Dios. Soy libre solamente mientras protejo mi libertad de aquellos que no siguen las leyes de Dios. Tengo que compartir mi fe.

La libertad es un principio implícito en la creencia de Dios. Es necesario para que exista la creencia. La protección de la libertad es practicado por netiqueta apropiada. La exposicion contraria a Dios actúa en línea para proteger la libertad. Proporcionar una crítica constructiva. Es netiqueta apropiada.

Reciprocidad

Cicerón es un famoso autor griego cuya obra se utiliza como un marcador de posición para el texto por los diseñadores web antes de añadir contenido. Una de sus citas famosas, es decir, "No hay deber más indispensable que la de devolver el favor". El deber es social porque es a cambio de la bondad, la que requiere de una relación. Ayuda a la sociedad, ya que ayuda relaciones sociales.

La reciprocidad es un intercambio social. No hay contrato. La obligación de devolver la bondad se crea, en principio, en que lo reciba. La cita de Cicero encaja dentro de los límites de la regla de oro. Se da a entender por ella.

Trata a los demás como quieres ser tratado implica que los demás te tratan como te tratan. Ser tratado por los demás como los trata es recíproca. La regla de oro es a menudo llamada la regla de reciprocidad.

La regla de la reciprocidad se aplica a Internet. Existe un deber social para el intercambio de felicitaciones, críticas constructivas, y comunicarse de manera efectiva. Los cumplidos son amables palabras y otras afirmaciones en línea. La crítica constructiva es un consejo gratuito. La comunicación efectiva es como volvemos el favor en especie. La bondad es uno de los resultados deseados.

Ayudar a los demás y se le ayudó. Es una extensión de la regla de la reciprocidad, lógicamente se deduce de la regla de oro. Es una suposición implícita de la regla de oro.

Ayuda significa para beneficiar algo a través de la asistencia. Hace las cosas más fáciles. La teoría de ayudarse unos a otros es considerado como el primer uso de la regla de oro. Los seres humanos se ayudaban mutuamente en busca de comida. Tenían que ser amable con los demás para sobrevivir.

Hay que ser agradable. Es la regla de oro. Dar asistencia es agradable. Por lo tanto, la ayuda está implícita en la regla de oro. Técnicamente, su supuesta a ayudar a alguien antes de que le ayudó.

La regla de oro proviene de una creencia natural en Dios como la base para la comprensión. Dios quiere que nos ayudamos unos a otros. La comunicación eficaz nos permite ayudar a los otros. Es un resultado deseado. El terreno común es lo que da. Es algo que la mayoría de la gente puede estar de acuerdo.

Ayudar a la gente es como funciona el internet. La gente aprende de la ayuda de los demás. Los que aprenda ayuda a otros a aprender.

Es netiqueta apropiada para crear sitios web de utilidad. Crear páginas que ofrecen asistencia en su área de especialización. Ayuda a otros y otros te ayudarán. El éxito en línea es impulsada por ayudar a la gente a ayudarse a sí mismos, que ayudar a otros en su tipo. No siempre puede ser recíproca. No puede venir en la misma forma que usted ofreció o dentro de un período de tiempo definido. Será allí cuando lo necesite.

Comunicación Efectiva

La comunicación efectiva es lo que tiene que ver con la netiqueta. Es comunicación de alta calidad. El intercambio de información con el resultado deseado. Los principios de la brevedad, la claridad y la ética son las cualidades de una comunicación efectiva en Internet. Son principios y porque la opinión popular está de acuerdo con la norma.

Tratar a los demás como quieres ser tratado es un estándar de comunicación. La forma en que trata a los demás envía un mensaje que usted quiere ser tratado de la misma. Para enviar o recibir el mensaje de todo el mundo comunicarse tiene que seguir la misma norma. La regla de oro.

Es la base de todo lo relacionados con Internet. El Internet es un medio de comunicación. Por lo tanto, la regla de oro se aplica a la Internet, ya que es un estándar de comunicación y el Internet es un medio de comunicación.

Los principios de una comunicación efectiva en Internet son la brevedad, la claridad y la ética. La mayoría de los usuarios están de acuerdo. Se logra la comunicación en línea eficaz cuando se obtiene lo que desea de la internet. En principio, breve contenido en línea que se indica claramente un mensaje inequívoco con integridad es la comunicación efectiva en Internet. Esto le ayudará a conseguir lo que quieres de internet.

Las formas populares de comunicación en línea son brevemente las prácticas de la netiqueta apropiada. Haciendo una fuerte impresión de que es fácil de comprender con el contenido que se comunica en línea envía un mensaje claro. Interacción ética es veraz y sin engaño intencional. Estos son los principios de la comunicación efectiva en Internet.

Brevedad

Las personas que usan el Internet pierden el interés rápidamente. Muchos de nosotros haga clic lejos de contenido si se tarda demasiado tiempo en cargar. Los creadores de contenido tienen que luchar por la atención de su audiencia. La brevedad es un uso creadores de la técnica para llegar a los espectadores a consumir su contenido.

La brevedad es un principio de la comunicación eficaz de Internet ya que los usuarios de Internet se pierden el interés si el contenido es demasiado largo. Breve comunicación transmite unas palabras. Es de corta duración.

Incluir sólo la información necesaria en el contenido en línea por razones de brevedad. Este principio es frecuente en toda la cultura en línea. Hay muchos ejemplos.

Largo de comunicación a menudo se ignora. Como resultado, los acrónimos son muy utilizados para acortar el texto. Hipervínculos dirección del sitio web se acortan con el software para que ocupen menos texto. La información publicada en la Internet recibe poca afirmación si se acompaña de más de dos líneas de texto. Se espera que todo Internet relacionados con ser breve.

La brevedad es algo arraigado en nuestros hábitos de navegación. Los usuarios de Internet esperan que el Internet para obtener más rápido porque siempre es así, la Ley de Moore. Esto lleva a los usuarios a esperar conexiones instantáneas a contenido breve. Si se tarda demasiado tiempo, los usuarios encuentran la información en otro lugar.

Siglas

Reír a carcajadas es un término popular texto para mensajería instantánea cuya sigla se ha hecho en la cultura popular, lol. Lol se puede ver escrito en todas partes. Se puede escuchar en la televisión y en la música popular. Es netiqueta apropiada porque es popular. Sabemos lo que significa.

Un acrónimo es una palabra pronunciada creado con las letras iniciales de un término o frase. Es una abreviatura de las palabras que se forma una palabra separada que es más corta que todo el plazo. Las siglas se utilizan por razones de brevedad. Ellos son breves.

Las siglas se utilizan mucho en la comunicación por Internet. Netiquette adecuada depende de la comprensión. Si la audiencia entiende acrónimos son eficaces. Si usted no sabe cuál es su nivel de conocimiento público, lo mejor es utilizar palabras completas. Más gente va a entender que de esa manera.

Enlace Acortar

El Internet se nutre de compartir hipervínculos. Contenidos rango de motores de búsqueda basado en hipervínculos. Texto de hipervínculo puede ser larga, porque las direcciones de Internet descriptivos rango más alto en los motores de búsqueda. La dirección más descriptivo es el más largo que es.

Página web Enlace shortener acortar enlaces de texto largos para hacer publicarlos lo más breve posible. Una dirección de sitio web completo se introduce en un cuadro de texto. Se hace clic en un botón. Se crea un nuevo hipervínculo. El nuevo hipervínculo contiene una breve cantidad de números y letras que representan el hipervínculo originales.

El hipervínculo acortado dirige clics a la dirección del sitio web inicial.

Los diseñadores web a crear sitios web con nombres descriptivos para dar significado contenido en los equipos. Contenido significativo aparece en la parte superior de los resultados del Search Engine páginas (SERPs). Esto puede hacer para direcciones web largas.

En principio, es la comunicación eficaz para acortar enlaces antes de compartirlos porque la brevedad es una creencia subyacente de la comunicación en línea eficaz. Hipervínculo acortadores hacer enlaces largos breve. Debido a las longitudes de carrera después de muchos dominios, enlaces acortados permiten a las personas dicen a los espectadores por las que registraron un enlace.

Un enlace a larga no proporciona suficiente espacio para escribir una descripción. La descripción de pares es más influyente en conseguir un visor de hacer clic en él que el texto de un hipervínculo. Esto es cierto ya que se acompaña afirmación. Es una comunicación más eficaz, ya que explica por qué deseamos un resultado.

Destino

El Internet es lo que publiquemos en él. Datos coloca en los servidores que los usuarios pueden conectarse a la interacción. Las personas se involucran los datos publicados en los servidores. Hay comunicación. Todo subido a la Internet es publicado. Esto incluye el texto de una actualización de estado o el contenido de un sitio web.

En principio, los breves mensajes se dedican. Mensajes largos son ignorados. En la práctica, muchas redes limitan el tamaño de los mensajes. Los usuarios afirman breves mensajes. Las afirmaciones incluyen, contenidos recompartir, compartir enlaces a los contenidos, comentarios, y haciendo clic en los botones para mostrar que te gusta o amas.

Los micro-blogs tienen los límites más estrictos para las entradas. Las redes sociales permiten que los mensajes largos, pero los usuarios no suelen gustan. Los proveedores de alojamiento Web archivos de límite para evitar que la red más lento debido a los grandes volúmenes de tráfico. Todo en la Internet es limitado.

Limitaciones sociales del tamaño de un mensaje de red y varían según la red. Límites de regular la longitud de un mensaje dado. Ellos no regulan el diseño. La disposición de los datos dentro de un mensaje debe aparecer brevemente. En las redes sociales, los mensajes deben ser dos líneas o menos para la brevedad.

La Ley de Moore

El Internet es siempre cada vez más rápido por lo que esperamos que. Un co-fundador de Intel creó esta expectativa de la información instantánea con una observación que se convirtió en una ley de la tecnología informática. En 1965, Moore acuñó el término Ley de Moore.

La Ley de Moore es un principio de la tecnología informática que indica que el número de transistores en un circuito de ordenador se duplicará cada dos años. Las computadoras tendrán el doble de rápido, cada dos años.

La Ley de Moore crea una expectativa de conveniencia, porque estamos acostumbrados a cosas cada vez más rápido, ya que son. Esto nos lleva a consumir brevemente el contenido. Podemos ir rápidamente a otra página web, si no encontramos lo que queremos de inmediato.

La brevedad es el primero de los tres principios de la comunicación eficaz. Se practica con acrónimos, enlace shortners, y en los límites de correos o preferencias. La ley de Moore impulsa su expectativa porque la tecnología siempre está aumentando las velocidades de Internet.

El principio de la brevedad se reduce al valor de tiempo de la información. Los buenos datos vale más. Cuanto más rápido se puede actuar sobre ella, más valioso es. El que obtenga lo primero, gana. La competencia es cada vez mayor.

Claridad

Todo en Internet y se supone que es fácil de entender porque es público. Una comunicación clara es libre de confusión por lo que fácilmente se puede percibir. Esta es una cualidad de la comunicación efectiva en Internet. La claridad es un principio.

Un mensaje inequívoco se comprenda claramente. Información ambigua está abierto a la interpretación. Interpretación depende de la educación formal e informal.

Se nos enseña a razonar en la escuela, la educación formal. Aprendemos cómo llevarse bien con otros de nuestros amigos, la educación informal. Interpretación de cada persona de la información depende de nuestra educación y experiencia, nuestro propio entendimiento.

Comprensión

Educación y experiencias de vida formales nos enseñan la forma de procesar el contenido en Internet. Nos enseñan el contenido que estamos en voz alta para enviar entradas. La educación de todo el mundo y la experiencia de vida es diferente. Los individuos son únicos. Los principios se enseñan en la escuela para que podamos trabajar juntos sobre la base de las creencias comunes ya que la experiencia de cada persona es diferente.

Niveles de educación formal varían con base en el grado más alto en la escuela completa. ¿Qué tan bien los maestros transmiten material a los estudiantes es otra consideración. Las minorías son a menudo dejados de lado. Esto tiene que ser tenido en cuenta para evitar el racismo. Del mismo modo, todos tenemos experiencias de vida únicas que aprendemos de.

Todos tenemos diferentes interpretaciones de la información ambigua porque cada uno tiene diferentes niveles de educación y experiencias de vida únicas. Mientras más educación y experiencia que una persona tiene mejor pueden interpretar los datos. Por lo tanto, la claridad es transportado, en principio, con la información que se interpreta de una manera estándar, si la interpretación es necesario en absoluto. Debemos entender unos a otros a ser clara.

Contexto

El contexto es a menudo una construcción social del destinatario de un mensaje y el autor. Un mensaje indica lo que usted piensa que significa. Comprender un mensaje de Internet requiere una relación construida en torno al contenido de contexto.

El contexto es el significado de las palabras que rodean una palabra, término o expresión. Es la relación de una palabra a las palabras de los alrededores, expresiones y otros datos relacionados.

La intención del autor es una parte de comprensión contextual también. El lenguaje es a menudo la situación. Es práctico.

El fin perseguido contribuye al significado del mensaje, pero no siempre se determina. Un mensaje indica lo que usted piensa que significa. Las palabras de los alrededores, la información de fondo, y la intención del significado de igualdad autor, que es necesaria para la comprensión.

Información explícita se expresa claramente con la educación mínima necesaria para saber cuáles son las palabras que acompañan y los antecedentes significan. Medios explícitos claramente. Implícito significa lógicamente inferir. Información explícita se utiliza para la comunicación efectiva en Internet.

El nivel de educación a menudo determina cómo una persona comprende la información en Internet. Mientras más educación tenga una persona, más información en el Internet que puede comprender. Usuarios han recibido educación tienen la capacidad de comprender más información. Las personas educadas se les ha enseñado más expresiones y otros datos relacionados que las personas sin educación. Las personas educadas tienen más contexto.

La información pública, que el internet está, está destinado a un público con un nivel de educación secundaria. La escuela secundaria enseña a la gente a leer, comprender y escribir. Educación Secundaria tiene demasiadas variables para apuntar a una audiencia para la comprensión de lectura. La escuela media tiene un plan de estudios definido que el público en general entiende.

El contexto de la información en Internet para todos los públicos debe contener conceptos que una persona con una educación media comprende. En función de su público objetivo, conceptos y contenidos pueden requerir una educación más o menos entender. Se puede requerir una experiencia.

Ambigüedad

Información ambigua es un dato que pueda razonablemente interpretarse de diversas maneras. Hay varias maneras de interpretar la información ambigua. La razón de la interpretación de los datos tiene que estar basada en la educación o experiencia.

Por ejemplo, las palabras con múltiples significados pueden hacer una frase ambigua si las palabras que la rodean no proporcionan suficiente contexto. Información deliberadamente malentendido no es razonable porque es deshonesto. Adivinar no es razonable.

El conocimiento explícito no es ambiguo. El conocimiento implícito se obtiene mediante deducciones lógicas a partir de la información disponible. Para que la información sea clara, todos los elementos que definen su interpretación deben tenerse en cuenta de manera explícita o implícita. La información tiene que comunicarse, transmitida e interpretada, correctamente para que el resultado deseado se produzca, la comunicación efectiva.

Ética

El Internet fue creado para preservar la libertad a través de la comunicación. La verdad es la libertad, ya que da la libertad que tienen información para elegir sus acciones. Las mentiras son la esclavitud, ya que deja a las personas con poca o ninguna posibilidad de elegir sus acciones.

El Internet fue creado para que la humanidad pudiera hacer lo correcto. Está diseñado para que podamos comunicarnos con libertad. Un alto estándar ético es un principio de la comunicación eficaz de Internet porque las mentiras nos esclavizan y la verdad nos hace libres. La ética es el conocimiento del bien y del mal y el coraje para hacer lo que se basa la derecha en la verdad.

La ética es una cualidad de la comunicación. Es un principio de la comunicación en línea eficaz porque todos estamos de acuerdo que la información en Internet debe ser veraz. Se trata de un componente particular de la comunicación por Internet que transmite la información de la manera más acordado manera de hacerlo con honestidad.

La ética es lo que hay que hacer. Derecho que es bueno, justo y honesto. Haz tu mejor esfuerzo en la participación en línea, siga las reglas, y decir la verdad.

La libre comunicación requiere el conocimiento del bien y del mal. No eres libre si usted no sabe lo que es la libertad. La fe o la creencia de que los demás hagan lo que es correcto es necesario también, porque no hay autoridad para comprobar la veracidad de un mensaje.

La información falsa en contra del propósito de la comunicación libre. Limita la libertad del destinatario, ya que limita su curso de acción basado en información falsa. La verdad es un principio de la ética. Todas las mentiras no son éticas, porque son engañosas. Comunicación engañosa no es eficaz. Los seres humanos están de acuerdo en que la sociedad se encuentra herido.

Bien y el Mal

Hacer lo correcto es hacer lo que es bueno, justo y honesto. Decir la verdad es un supuesto de un comportamiento ético.

Mentir, engañar y robar se equivocan. Mentir no es veraz. Hacer trampa no es justo. Robar es deshonesto.

Hay una gran cantidad de información falsa en Internet. La información falsa tiene un valor de entretenimiento porque los sentimientos son reales. Es lo que es. ¿Cómo te hizo sentir en el punto y hora en que lo consumió.

La verdad es la verdad, no importa lo que usted piensa. Sin verdad no hay nada. El mundo existe. Por lo tanto, la verdad existe porque existe el mundo, que exige verdad. Todo puede ser explicado. Hay un Dios. Dios se puede encontrar en la verdad.

Primavera Árabe

El Internet fue creado para preservar la libertad. La libertad requiere la interacción ética, la verdad. Netiquette proporciona una base para la comunicación de forma gratuita en Internet. Se muestra a la gente cómo hacer las cosas bien en la comunicación cultural en Internet.

La primavera árabe es un nombre para las revoluciones que antes Netiquette comenzando en 2010. NetworkEtiquette.net es el dominio que se accede por las personas en sus respectivos países, en los días previos a las protestas. Cualquier especulación más allá de eso no es razonable, pero es un hecho.

Túnez seguido por Egipto provocó una serie de protestas y revoluciones en el mundo árabe. China utiliza netiqueta para ayudar a educar a los ciudadanos que no se rebelan.

Soy David Chiles hijo de Roberta Raya Chiles, una trabajadora social de profesión. Nieto de Arthur Raya que sirvió en nuestra capital de la nación con cita personal del presidente Richard M. Nixon. Nettie Raya es mi abuela.

Ella es la persona más agradable del mundo. Yo soy el descendiente del persa de archivo de mi lado Madres.

El nombre Chiles se puede remontar a Herfordshire, Inglaterra. El nombre fue registrado por primera vez en el año 916 AD. La familia tenía un asiento en el consejo.

He creado netiqueta en base a los valores de la familia Raya. Pérsico archivo escribió la Regla de Oro por primera vez en la historia. Tengo un derecho natural a desarrollar mis propias creencias basadas en mi herencia. Mi apellido y linaje real hacen creencias naturales netiqueta.

Capítulo 3 Principios de Internet Etiqueta

La etiqueta no sólo sucede. Principios deberán acordarse en primer lugar. Las normas deben ser creados a partir de esas creencias comunes. Entonces, esas normas deben ser enseñadas. Tomó tres capas, en principio, para construir el Internet lo suficientemente grande para etiqueta de Internet para existir individualmente entre los usuarios.

El Internet es un medio de comunicación de la red. Se trata de datos transmitidos a través de señales de ordenador escritos en HTML y JavaScript lenguajes de programación que se muestran en las pantallas de vídeo. La etiqueta es un código social. Por lo tanto, la etiqueta en Internet es la netiqueta porque el Internet es una red y el protocolo es un código social.

Las creencias de Internet Etiquette son las convenciones más comunes de comunicarse a través de él en su superficie. Los datos se da significado justo debajo de la superficie con la semántica. Semántica da sentido a los datos de los ordenadores con una programación especial en la sección de cabecera de las páginas web. Los lenguajes de programación son los datos básicos de todas las comunicaciones de Internet. Le dicen a una computadora cómo mostrar los datos en las pantallas de vídeo.

HTML, CSS, PHP, JavaScript, Ruby, JQuery, SQL, Oráculos y el uso de los Sistemas de Gestión de Contenidos (CMS) son el acuerdo sobre normas para la visualización de datos a través de Internet. Son los principios de la programación de Internet. Internet Etiquette en el nivel más básico.

Semántica son las técnicas para dar datos de internet significado a las computadoras. Las técnicas de motores de búsqueda dicen que una página Web se trata con el contexto. El Marco de Descripción de Recursos (RDF) es usado con Extensible Markup Language (XML), SPARQL, y la sintaxis Open Graph para dar significado web datos a los ordenadores.

Ciudadanía Digital es como buenas personas utilizan el Internet. Acceso, correo electrónico y cuentas de redes sociales son los requisitos técnicos. Se requieren conocimientos de las reglas básicas de etiqueta de la red para que los usuarios las siguen en la situación correcta.

Acceso a Internet es un principio de Internet Etiqueta porque la infraestructura de telecomunicaciones proporciona. No hay Internet sin telecomunicaciones. El uso de correo electrónico es un principio de Internet Etiquette ya que su uso nos permite abrir cuentas de Internet basado. Ciudadanía Digital es el espíritu del manifiesto de internet por las normas básicas de acceso personal, el uso y las reglas básicas de la comunicación para existir socialmente en el ciberespacio.

La regla de oro es la base de la etiqueta de la red. En él se establecen los parámetros de interacción en principio. El acceso a Internet con una dirección de correo electrónico adjunta a un perfil de medios de comunicación social están obligados a existir para la interacción social en línea. Las reglas básicas de etiqueta de la red son los principios, ya que son las más acordadas convenciones de la comunicación efectiva de Internet, ya que se les enseña en todo el mundo.

Etiqueta de Internet

La etiqueta en Internet es la forma correcta de comportarse en línea. Netiquette, etiqueta de Internet, las reglas están codificados en NetworkEtiquette.net. Ellos son impuestas por el uso popular.

Es una buena etiqueta de Internet es conducirse de una manera que otros usuarios se sientan cómodos. Las normas son las normas populares que la gente elige para hacer cumplir de forma individual por el uso. Es social. Aplicación se determina por la influencia de las relaciones en línea.

La definición de etiqueta de la red incluye etiqueta de Internet específicamente debido a que el Internet es la red más extensa del mundo. Normas de comportamiento es etiqueta de la red. Hay otras redes de ordenadores, además de la Internet. La etiqueta en Internet es la netiqueta, pero netiqueta no es siempre la etiqueta de Internet.

Ciudadanía Digital

El acceso, correo electrónico, y los medios sociales permiten a la plena participación en las actividades más populares en Internet. Permiten Ciudadanía Digital. Ciudadanía Digital es la inclusión en la sociedad de Internet. Es un concepto que impone responsabilidad a los que navegar por la Internet para mantener un cierto nivel. Este es un buen estándar de la persona. Ciudadanos digitales hacen lo que la gente buena hace.

Acceso a Internet, una dirección de correo electrónico y cuenta de medios de comunicación social son las asociaciones mínimos exigidos para el reconocimiento social en Internet. El acceso es necesario para comunicarse. Se requieren direcciones de correo electrónico para abrir cuentas de redes sociales. Estos son los requisitos de una existencia en línea. Crean una imagen en línea.

El código social de la Internet es creada por las relaciones. Las relaciones requieren reconocimiento. El reconocimiento viene de la asociación. Asociación es el compromiso. La gente es buena, pero a veces hacen cosas malas. Compromiso con las personas que hacen cosas buenas es la persona de buen nivel. Es la aplicación social de las reglas de netiqueta.

Acceso

Si no puede utilizar el Internet no puede existir en él. La gente necesita acceso a Internet para consultar su correo electrónico, actualizar su estado, y participar contactos. Es irresponsable ignorar las asociaciones que nos hacen ser lo que somos en línea. Ciudadanos Digitales son responsables porque sus relaciones requieren.

La comunicación en línea permite a los usuarios enviar y recibir mensajes a través de Internet. El envío de mensajes construye relaciones. Los datos enviados se construye una imagen en línea también. Las relaciones requieren de mantenimiento. Por lo tanto, se requiere acceso a Internet para el reconocimiento social, Ciudadanía Digital, porque una imagen en línea se construye a partir de las relaciones que requiere acceso regular a Internet.

El Internet está en todas partes. Ciudadanos Digitales encuentran el acceso cuando la necesitan. Acceso a Internet de banda ancha en el mundo desarrollado. La mayoría de la gente tiene acceso a través de líneas telefónicas o de cable. La industria móvil proporciona acceso a través de teléfonos inteligentes, teléfonos con funciones, tabletas y ordenadores portátiles que se conectan a las líneas telefónicas de las torres celulares. Las empresas ofrecen acceso inalámbrico a Internet a los dispositivos a través de módems conectados a los routers Wi-Fi.

Correo Electrónico

En la vida real, una persona necesita una pareja para existir socialmente. Las personas se involucran sus parejas. En Internet una persona necesita una dirección de correo electrónico de existir. Toda persona con una dirección de correo electrónico puede involucrar a otros.

Una dirección de correo electrónico es una identificación única de un usuario individual de Internet. Utilización Email construye una identidad en línea a través del compromiso. Cada mensaje se suma a los datos en el Internet asociado con la dirección de correo electrónico.

Email permite la apertura de muchos tipos de cuentas de Internet. Cuentas de medios sociales son los más populares. Cuentas de medios sociales son específicamente para su uso social. Es para el compromiso, la existencia en línea.

El correo electrónico es un comienzo. No garantiza la existencia social en internet, pero es posible. Hay un montón de tipos de cuenta que se pueden abrir desde una dirección de correo electrónico. Tu dirección de correo electrónico es la dirección de Internet en casa. Es el lugar donde recibe su correo.

Reglas Básicas

Las reglas básicas de la etiqueta de la red son un comportamiento adecuado en Internet. Buenas gente los siga. Se incluyen como un componente de etiqueta de Internet como un conjunto.

Las reglas básicas de etiqueta de la red son las reglas más comunes de Internet para las aplicaciones más populares. Son los propios principios, ya que son las convenciones más comunes de la comunicación por Internet.

Existe la creencia común de que la mayoría de la gente es buena. La mayoría de las personas siguen las reglas básicas de etiqueta de la red. Por lo tanto, las reglas básicas de etiqueta de la red son las formas en que las buenas personas se comunican en el Internet, ya que son las convenciones más habituales y la mayoría de la gente es buena.

En principio, las malas personas son una minoría, porque la mayoría de la gente es buena. Esto significa malas reglas no llegan a ser comunes porque la mayoría de la gente es buena. La mayoría de la gente no siga la gente mala.

Todo esto quiere decir que las reglas básicas de etiqueta de la red se les enseña. Posicionamiento web dan fe de ello. Sitios web de ranking de páginas web también proporciona datos sobre los usuarios. Las mujeres con estudios enseñan netiqueta en la escuela sobre la base de la investigación de los dominios de ranking de sitios web.

Lenguajes de programación de Internet

Lenguajes de programación de Internet son las normas socialmente aceptadas para la visualización de datos a través de internet. El Consorcio World Wide Web (W3C) publica normas para los lenguajes de programación de Internet. Hemos llegado a un acuerdo sobre los estándares de programación de Internet. Los idiomas se enseñan en la escuela. El Internet es aceptado en principio.

Hyper Text Markup Language (HTML), Hojas de Estilo en Cascada (CSS) y JavaScript son los lenguajes de programación principales para la visualización de datos en

Internet. PHP, Ruby y JQuerry son los lenguajes de programación más comunes para la manipulación de datos que se muestran con el contenido de la base de datos. Oracle y lenguaje de consulta estructurado (SQL) son los idiomas que se utilizan para extraer datos de bases de datos.

Otros idiomas se utilizan para hacer que el contenido de Internet. HTML es el estándar para la visualización de datos. Otros programas de software puede ser utilizado en la Internet a través de plug-ins. Los plug-ins son programas instalados en los navegadores de Internet para interpretar los lenguajes de programación.

El Consorcio World Wide Web (W3C)

Cuando algo es lo suficientemente popular como para tener un acrónimo que lleva su nombre, es un principio. La mayoría de las personas están de acuerdo sobre lo que es o hace. El Consorcio World Wide Web es conocida por las siglas W3C.

El W3C es la placa más reconocida normas para la transmisión de Internet. El proyecto se inició en 1994. Es el recurso estándar para programadores web utilizando HTML y CSS.

La organización lanza periódicamente nuevas normas para el diseño y desarrollo web. El estándar actual es HTML5 y CSS3. Estos son los lenguajes de programación fundamentales utilizados para mostrar las páginas web. Utilice los estándares del W3C para los sitios web de programación.

Las páginas web pueden realizarse sin necesidad de utilizar los estándares del W3C, ya que se muestran en los programas de software llamados navegadores. Los navegadores interpretan HTML de acuerdo con sus propias

normas. Cada uno es un poco diferente. En ellas se
muestran el código que no es HTML.

Hyper Text Markup Language (HTML)

Hyper Text Markup Language (HTML) es un lenguaje de
programación creado para datos de enlace hiper. Es
orientado a objetos. Etiquetas HTML son objetos.

Objetos describen cómo se muestran los datos en la
pantalla que permite conexiones a través de hipervínculos.
Vincula los datos en Internet entre las etiquetas.

HTML fue creado en 1990 sobre la base de otro lenguaje
de marcado, generalizado estándar lenguaje de marcas
(SGML). SGML fue una preexistente lenguaje de marcado
creado por la Organización Internacional de Normalización
(ISO).

El W3C fue creado en 1994 con 2 HTML como estándar
para el W3C y otra organización de la competencia. El
W3C lanzó HTML 3.2 y 4.0 solo en 1997. En 2008, la
versión actual de HTML fue puesto en libertad que soporta
contenido enriquecido. Gran cantidad de contenido permite
a los sitios web adaptativos, Web 3.0.

Páginas web adaptativos marcan el punto en la historia
donde la humanidad ha adquirido los conocimientos
necesarios para desarrollar la cultura de la Internet.
Informática madurado de modo que sus principios ordenan
la sociedad a través de la ley natural.

Ha habido toda una generación criada con el uso de
Internet. Este libro marca un nuevo período en la historia.
La era de Internet, cuya filosofía es la etiqueta de la red.

El código siguiente es la sintaxis básica HTML5 para crear
un sitio web que se mostrará en Internet. En principio, esto

es todo lo que necesita para dominar para ser un diseñador web o programador, porque todas las etiquetas están definidas por el W3C. Una etiqueta es los datos entre los corchetes, <>. Todo más allá de este código básico se puede encontrar en su página web.

Copie el código en un documento de Bloc de notas u otro editor HTML. Guárdelo con las letras html después del nombre de archivo y un período, filename.hmtl. Haga clic para abrir desde un gestor de archivos. Asegúrese de que las comillas son rectas en vez de rizado.

```
<!DOCTYPE html>

<html lang="es">

<head>

<title> básico HTML5 página Web </title>

<meta charset="utf-8">

</head>

<body>

<h1> Básico Título Formato </ h1>

<h2> Segundo Nivel Sub Heading </ h2>

<p>Texto está escrito en párrafos. </ p>

<h3>Tercer Nivel Sub Heading </ h3>

<ul>

<li> Lista organizar los datos. </ li>

<li> El orden de los datos determina el tipo de lista. </ li>

</ul>
```

<footer> Enlaces de Navegación Básica </footer>

</body>

</html>

Hojas de Estilo en Cascada

HTML ha limitado en funcionalidad a los datos de formato. Se publica la información entre las etiquetas. Es decir, puede manejar los conceptos básicos. Todo lo demás que hace que una mirada sitio web y sentirse atractiva es un tipo ligeramente diferente del lenguaje de marcado.

Hojas de Estilo en Cascada (CSS) permiten a los programadores para dar formato a los datos entre las etiquetas. CSS utiliza HTML estándar como base para las técnicas. En general, esta técnica formato crea un lugar central para controlar el estilo de una página web. Archivos CSS son hojas de estilo.

La extensión CSS de HTML se introdujo en 1996 como parte de la W3C. CSS2 fue lanzado en 1998. La versión actual, CSS3, fue presentado por el W3C en 1999.

CSS puede ser implementado en tres maneras. Las tres maneras de dar formato HTML con CSS son a través de una hoja de estilo, incrustado en la cabeza de un documento, o en línea dentro de la propia etiqueta. Las hojas de estilo son archivos externos con enlaces a documentos HTML en la sección Head. Estilos implícitos se definen en la sección de la cabeza. En línea de estilos se definen dentro de una etiqueta determinada.

El formato que hace sitios web de acoplamiento está normalmente programada en el CSS. CSS se utiliza para las etiquetas de disposición en columnas. Define estilística fuentes HTML no es capaz de hacer. Es el toque final a contenido que se encuentra con etiquetas HTML.

JavaScript

La información en línea que no cambia es estática. Los datos que hace cosas como resultado de la entrada de usuario es dinámica. El nivel de la dinámica se define por el lenguaje utilizado para programar.

JavaScript es un lenguaje de programación de Internet orientado a objetos que le da funcionalidad de datos en la dinámica de la forma en que se muestra. Es el código que se usa para hacer botones de clic, las ventanas pop-up, y las imágenes aparecen en la pantalla cuando algo entra en el foco. Hay lenguajes de alto nivel construidas sobre ella que han agregado funcionalidad también.

JavaScript fue creado por Netscape. Fue introducido con Netscape Navigator 2.0. Sun Microsystems añade alguna asociación con Java, pero no hay conectividad.

Meteor y Node.js son lenguajes de programación de JavaScript que hacen que Internet sea más funcional rápido. Meteor es un proceso de uso de JavaScript para manipular los datos en pantalla sin necesidad de enviar las peticiones a un servidor remoto. Es procesar todo lo que pueda en la página y los controles con el servidor cuando tiene que hacerlo. Esto aumenta la velocidad de la página web y se reduce el tráfico de red. Node.js aumenta la funcionalidad de manera similar.

Meteor y Node.js son los lenguajes de programación de sitios web adaptativos. Son web 3.0 Idiomas. Estas variaciones de JavaScript se adaptan a los datos en la pantalla y realizar solicitudes de base de datos según sea necesario. Todo lo que hacen es dinámica. Peticiones de base de datos son adaptativos en función del tipo de solicitud.

P ⏊P

Cuentas de Internet están protegidos por contraseña. Contraseñas nos hacen sentir seguros, incluso si nuestros datos no lo es. PHP es que los diseñadores web estándar utilizan para crear sitios web con contraseñas. A menudo se utiliza en sistemas de gestión de contenido para crear páginas también.

PHP es similar a HTML. La diferencia es que solicita datos desde un servidor. Se requieren solicitudes de servidor para comprobar las contraseñas.

PHP correspondía inicialmente a Página Personal (PHP). Este acrónimo se abandonó cuando se desarrollaron las versiones más robustas. PHP simplemente significa PHP ahora. La versión actual de PHP es PHP5.

Es el componente final de la programación básica de Internet. Pantallas HTML contenido. JavaScript hace que sea dinámica. PHP protege nuestras cuentas con contraseñas. Los estándares web restantes son adaptativos. HTML, JavaScript y PHP son dinámicos.

Bases de datos

La información está en todas partes en Internet. Se encuentra al hacer peticiones de base de datos. Buscadores consultar su base de datos para los hipervínculos correspondientes. Cada página que podemos encontrar es relacionada. Está contenida en la base de datos del motor de búsqueda.

Una base de datos es información almacenada en un ordenador. Una base de datos relacional es datos contenidos en un ordenador estructurado por filas y columnas. La información en la base de datos se refiere a las filas y columnas.

Muchos lenguajes de programación interactúan con bases de datos almacenadas en servidores remotos. Uso de la información de base de datos en los sitios web transformó el Internet de documentos que proporcionan información a los documentos que muestran los datos dinámicos. Nuevos lenguajes de programación proporcionan técnicas para extraer información de bases de datos y aplicarlo de forma adaptativa, web 3.0.

Oráculo

Las bases de datos estaban haciendo un montón de computación antes nunca se usó la palabra Internet. Las instituciones financieras, bancos, han dependido de ellos más de lo que hemos basado en Internet. Oracle es considerado el más seguro.

Relational Software Inc., ahora Oracle, creó el primer software de base de datos relacional en 1979. Oracle es el nombre del lenguaje de programación utilizado para crear, mantener, e interactuar con bases de datos de Oracle.

La arquitectura de base de datos es una forma de pensar acerca de los datos en filas y columnas. La extracción se basa en la intersección de filas y columnas que se usan en las fórmulas para visualizar contenido dinámico. Esto se aplica a la Internet también.

Structured Query Language (SQL)

Películas populares tienen una secuela. Esa es la forma en que el acrónimo de otro estándar de programación de base de datos se pronuncia. También se describe el lenguaje en sí mismo, ya que fue creado sobre la base de Oracle para ser de código abierto (MySQL). Oracle es propietario. Se requiere el software de Oracle.

Structured Query Language (SQL) se utiliza para crear, mantener, e interactuar con bases de datos SQL. Fue introducido en 1999. La formación de código SQL se toma directamente de Oracle. Utiliza algunas de las mismas reglas con un poco menos estructura.

El uso de bases de datos MySQL o SQL es un estándar para la mayoría de los sitios web. Páginas web con datos altamente sensibles utilizan Oracle. Todo el mundo utiliza SQL.

jQuery

Recuerdo la primera vez que oí hablar de JQuery. Un hombre se acercó a mí en una cafetería. Cuando le preguntaron si podía sentarse en mi mesa, y luego me dijo que yo debería estar metiendo con jQuery. No era el mejor barrio. Me ofendí porque pensé que me estaba diciendo un nombre de la calle tratando de vender drogas. Le dije que yo no sé jQuery.

jQuery es una extensión de JavaScript. JavaScript Lenguaje de consulta (jQuery) es un gran grupo de funciones se utiliza para recorrer documentos, páginas web. Atraviesa los documentos con el fin de actualizar la información sobre la base de base de datos y contenidos o entradas de usuario.

Traversal es similar a una consulta de base de datos, excepto que es dentro de un documento. Una consulta es una solicitud de base de datos. JavaScript es un lenguaje de programación orientado a objetos.

Una agencia de viajes o sitio web de reserva es un ejemplo del tipo de sitio web que pueden encontrar JQuery útil. Es una herramienta de la web 3.0, las páginas web de adaptación, ya que la página se adapta a la entrada del usuario dinámicamente basándose en la información extraída de una base de datos.

Rubí

Un rubí es una piedra preciosa. También es un lenguaje de programación de Internet. El Internet ha dado un nuevo significado a un concepto antiguo. Como los sitios web móviles o aplicaciones crecen en popularidad el antiguo significado puede pasar a segundo plano. Es un lenguaje de programación actual.

Rubí es un lenguaje orientado a objetos de programación de código abierto similar a Perl. Se refiere a menudo como Ruby on Rails. Rails se refiere a una interfaz de programación de aplicaciones (API).

Rubí se utiliza para programar aplicaciones web. El API es un conjunto de protocolos de un sitio utiliza para aplicaciones con los que interactúa. Los programadores tienen acceso a la API para crear aplicaciones para un sitio web.

Es un lenguaje avanzado con capacidades de crecimiento. Los mejores resultados los sitios web utilizan. Esto permite que el contenido rico para adaptarse a la entrada del usuario a través de consultas de bases de datos.

Sistemas de Gestión de Contenidos (CMS)

Se me acercó en un café y me dijeron que usar un gestor de contenidos por alguien que no sabía. Yo no hablo con extraños. Me di cuenta de que las buenas personas no beben café en las cafeterías. Dejé de ir a ellos.

Un Sistema de Gestión de Contenidos (CMS) es un programa de software que simplifica la gestión de documentos para los dominios. El software crea, modifica y elimina páginas web dentro de un dominio desde un solo lugar. El CMS hace todo el trabajo codificación. El contenido puede ser añadido a áreas específicas con la programación adicional. No requieren programación para administrar el sitio. Se requiere la Programación para cambiar las plantillas.

CMS de software es ideal para los aficionados que no saben cómo codificar. Ellos pueden pagar a un diseñador web o programador para configurar una. Grandes sitios web las utilizan por necesidad. Los diseñadores crean un diseño, los desarrolladores a crear las plantillas, y los escritores publican el contenido a través de la CMS.

Semántica

La semántica es un principio fundamental de la etiqueta de Internet. La comunicación ocurre cuando las personas se entienden. La semántica es el significado del lenguaje. Es el estudio del significado. ¿Cómo máquinas interpretar los datos. El contexto de los datos. Lo que realmente significa.

La semántica se realiza de manera que los usuarios que visitan una página determinada les resultará significativo. Se dirige el tráfico interesado a un sitio web. El tráfico es el volumen de visitantes a un dominio.

La disposición y el orden de las palabras se analizan para averiguar lo que entiende por máquinas. La intención del autor es considerado en relación con las palabras contenidas en una página web. Las cosas que se consideran son el lugar, el tiempo y las relaciones entre el emisor y el receptor de un mensaje.

El significado de las cosas debe estar definido para las máquinas entender ellos. El significado se da a los datos con la categorización. Estas categorías se llaman ontologías.

Una entidad semántica es un objeto o cosa con un significado explícito. Ha sido definido por alguien en alguna parte. El DBpedia es la versión semántica de la Wikipedia. En él se definen explícitamente las cosas.

Una entidad semántica es algo en Internet que se ha definido. Entidades semánticas se indican mediante su identificador uniforme de recursos (URI). El esquema para la identificación única de recursos abstractos o físicos URI se parece a una dirección del sitio web, ya que a menudo es. Un URI puede describir o designar un recurso y ser uno mismo. El designatum es un recurso y el designador es uno, así como con un URI diferente.

Los recursos pueden ser descritas por meta-datos. El URI es una dirección y la identidad de un recurso. La dirección es la ubicación del recurso, Universal Resource Locator (URL). Esto puede cambiar a lo largo del ciclo de vida del recurso. La identidad Uniform Resource Name (URN) es un identificador constante para un recurso. No cambia.

La semántica es la forma en que definimos las cosas a un ordenador. El equipo utiliza el URI para proporcionar resultados significativos para los motores de búsqueda. Palabras clave búsquedas entienden lo que un usuario quiera con la semántica. Resuelve el problema de demasiados y demasiado pocos resultados relevantes porque sabe contexto de las palabras clave.

RDF

Recurso Descripción Marco (RDF) es la sintaxis utilizada para dar datos de significado. Este es el código que los motores de búsqueda buscan para identificar el contenido de su URI.

Un recurso puede ser cualquier cosa, en principio. Se define por un URI. Representa las propiedades y relaciones entre los recursos. El marco se basa en el lenguaje XML.

El conocimiento está representada en RDF a través de declaraciones. Sentencias RDF siguen un esquema denominado un triple de RDF. El formato de una declaración que identifica un recurso se llama un Identificador uniforme de recursos (URI).

Asunto, la propiedad, y el objeto / valor (URI o cadena) es el formato de un RDF triple. Cada parte de la instrucción puede ser un URI. El objeto puede ser un URI o un valor literal. Un valor literal es todo lo que se escribe entre comillas.

El Uniform Resource Name (URN) no cambia durante el ciclo de vida del recurso. Los recursos son objetos que pueden ser abordados por una de URI. Las propiedades son atributos para la descripción de recursos.

RDF permite la identificación de las cosas. URI son las cosas identificados. Las clases también pueden ser definidas, propiedades con reglas, subclases, y así sucesivamente. Una clase es un tipo de algo.

XML

Siempre me he preguntado cuál es la diferencia entre XML y HTML fue porque me enseñó a mí mismo cómo programarlo. Empecé definiendo las cosas en XML el camino vi que otros definen las cosas en la cabeza de un documento. Esto fue antes de la Semántica fuera creado. He estado programando la semántica natural.

La X en XML significa que puede ser extendido. Extensible Markup Language (XML) es similar al HTML. Se basa en una norma ISO. La diferencia es que el lenguaje permite a los programadores para definir objetos. Se es extensible. Se puede ampliar.

Los objetos son etiquetas de HTML. Se definen en HTML. Etiquetas, objetos, se pueden crear con XML mediante la definición en la cabeza de un documento. XML no es muy utilizada, ya que cualquiera puede crear sus propias etiquetas.

SPARQL

Sparkle es una palabra que significa que algo está brillando. Esa es también la pronunciación de un nuevo lenguaje de programación semántica que consulte una base de datos para el significado. Se hace brillar datos.

SPARQL es un lenguaje de consulta de base de datos. Se trata de un lenguaje de programación único, ya que deduce lógicamente la información de las declaraciones RDF. Las clases, subclases y tipos son parte de la información deducida lógicamente por las computadoras de las declaraciones SPARQL cuando se aplican las reglas. Los motores de búsqueda deducir el significado del contenido de estas declaraciones.

SPARQL podría conducir a la paz mundial, porque todo el mundo será capaz de entender todo un día. Este lenguaje tiene la mayor promesa de educar a los usuarios en línea. Todo se explica lógicamente. La enseñanza es la explicación. Las personas educadas son no-violenta. La violencia es una estupidez.

Abierto Gráfico (Open Graph)

RDF es un esquema. XML es un lenguaje. SPARQL es un lenguaje definido para las consultas de base de datos. Open Graph simplifica para el resto de nosotros que no tienen grados en la lógica. Ciencias de la computación Todo lo relacionado se basa en la lógica.

Open Graph es un conjunto de protocolos de RDF que se utilizan específicamente por los motores de búsqueda para dar significado de los datos. Proporciona el contexto para los motores de búsqueda sobre el contenido de un sitio. Hay siete enunciados básicos que deben incluirse en todas las páginas de un sitio. La adopción de esta norma acaba de comenzar. Las siguientes declaraciones se deben escribir en la sección de cabecera de cada documento.

<meta property="og:title" content="Netiquette" />

<meta property="og:type" content="website" />

<meta property="og:url" content="http://www.networketiquette.net" />

<meta property="og:image" content="http://www.networketiquette.net/images/netiquett e_sign_logo.png" />

<meta property="og:site_name" content="Netiquette" />

<meta property="og:video" content="http://youtu.be/bH8r_H9N9T4" />

<meta property = "og: description" content = "Normas de comportamiento es el código social de la internet Las reglas

son las convenciones comunes de la comunicación por Internet." />

Para aplicar estas convenciones Open Graph para su propio sitio web toda la información entre las comillas después de la palabra contenido debe ser reemplazado con la información sobre su sitio.

Capítulo 4 Principios de Medios de Comunicación Social

Los principios de las redes sociales son de alta calidad, de la amistad, y la optimización. Alto contenido de calidad es una creencia subyacente de las redes sociales, en principio, porque la gente se involucra ella. La amistad es un principio de los medios de comunicación social, porque sociales significa una relación personal, amigos. La optimización es un principio de los medios de comunicación social, porque Social Media Optimization hace que el contenido de alta calidad al alcance de más personas, en principio.

Medios de Comunicación Social

Social Media es una noticia basada en las relaciones personales con el contenido de los contactos. Se trata de la difusión interactiva de información a través de Internet, Contenido generado por usuarios (UGC). Social Media es UGC, ya que puede ser creado, se comparte y alterado por los usuarios. Los usuarios controlan el contenido de la red.

Medios de Comunicación Social (Sustantivo) 1. La difusión interactivo de información a través de Internet, Contenido generado por usuarios (UGC).

Calidad

La calidad no siempre significa lo que creemos que significa. Alta calidad depende de cómo se defina. De alta calidad para una persona puede ser de baja calidad a otro. Contenido de alta calidad en los medios sociales puede ser determinada por el compromiso. El compromiso es un estándar cuantificable.

La calidad es un criterio subjetivo que mide las características de alguien o algo en comparación con otras cosas como él. Alto contenido de calidad es la propiedad intelectual, las obras de creación, que se entienden, disfrutan y tienen un efecto positivo sobre los interesados. Efectos positivos y afirmación deben superan con creces los efectos negativos para el contenido que deben ser considerados de alta calidad.

Medios violentos, por ejemplo, no tienen suficientes cualidades bueno para ser considerados de entretenimiento de alta calidad. Tiene un efecto negativo en la sociedad. Esto lleva a un comportamiento agresivo.

Medios violentos es malo para las relaciones personales. Entretenimiento de alta calidad tiene un efecto positivo en la sociedad. Es bueno para las relaciones personales.

La calidad es un término subjetivo que puede medirse con criterios objetivos en los medios sociales. Engagement determina la calidad de los contenidos en los medios de comunicación social. Si nadie le gusta, entonces es de baja calidad. Esta es una norma puramente social. Encontrar nuevos amigos podría aumentar la calidad de su trabajo, ya que pueden gustar. Esta es la razón por SMO es un principio, porque UGC necesita ser consumido por la calidad que se determine.

Amistad

La amistad es un principio que subyace en los medios de comunicación social, ya que la interacción social es amistoso. El compromiso es una creencia subyacente del principio amistad porque los amigos se acoplan entre sí.

Amigos de los medios sociales leen y comentan sobre la buena escritura de amigos. Se dedican a las actualizaciones de los amigos con los comentarios, respuestas, gustos, repuestos, y acciones.

Un amigo de Social Media es un contacto almacenado en una lista de amigos creada a partir de la participación. La amistad es una cualidad de una relación que no requiere ser clasificado como tal. Los aficionados y seguidores se dedican contenido dentro de la definición de la amistad. Se trata de un nivel diferente de compromiso.

Un amigo es alguien que tenemos una relación personal con base a la participación. Engagement crea un vínculo. Amistad está mostrando afecto por alguien que usted conoce, como, o de confianza. Los amigos, fans y seguidores muestran afecto por los demás, con el compromiso.

Compromiso

Los usuarios generan contenidos en medios de comunicación social a través del compromiso. Es la transmisión de información entre los contactos. Noticias de los contactos.

La relación entre el contenido consumido y un contacto de los usuarios con él varía. Este es el nivel de compromiso. Alto contenido de calidad es la participación. La gente presta atención a ella. Los usuarios se conectan a contenido de alta calidad a través de la afirmación, los comentarios, y compartir. Estas acciones se conectan un perfil de usuario a los contenidos de Internet a través de hipervínculos.

Una afirmación en los medios sociales se presenta en forma de un usuario hace clic en un igual o un botón de amor dentro de una red social. Los usuarios que hagan clic en el botón se cuentan. Se agrupan con enlaces a sus perfiles que figuran al lado de sus nombres de usuario.

Los comentarios son de texto vinculado al contenido en Internet. El nombre de usuario del autor aparece antes de que el texto con un enlace al perfil de los usuarios. Secciones de comentarios aparecen al final del contenido.

Compartir contenido se refiere a la publicación de enlaces a las páginas web. Los hipervínculos con una descripción del contenido de la persona que ha publicado se considera Sharing Social Media. En la mayoría de los casos, el título de la página web que contiene el contenido se incluye también.

Los amigos, fans y seguidores reciben actualizaciones sobre el contenido que compartimos. Otros usuarios encontrar contenido en los medios sociales a través de motores de búsqueda. Sitios web de medios sociales tienen sus propios motores de búsqueda. Los sitios web están dedicados a la búsqueda en Internet para los sitios web basados en palabras clave de entrada en un cuadro de búsqueda. Así es como los demás a encontrar el contenido se compromete. Es la forma en que nos encontremos nuevos amigos en las redes sociales basadas en intereses comunes.

Optimización

Todo debe ser optimizado para un rendimiento máximo. Haz tu mejor esfuerzo. Su mejor siempre es lo suficientemente bueno para sus amigos. Optimización está haciendo lo mejor posible en principio. En la práctica, se necesita mucha práctica.

Social Media Optimization (SMO) es un proceso que implica la colocación de palabras clave en el contenido de diferenciar de perfiles similares que generan contenidos. UGC debe ser optimizado para la audiencia prevista debido palabras clave son reconocidos por los usuarios. La diferenciación crea una asociación más fuerte, ya que puede ser identificada de contenido similar.

SMO está estrechamente relacionado con la optimización del Search Engine (SEO). La diferencia entre el SMO y SEO es dinero. Hacemos SMO gratis encontrar amigos y cultivar un público. Las empresas pagan por SMO y SEO para vender productos.

Palabras Clave

Una palabra clave para mí no puede ser una palabra clave para que en la vida real. Por el valor de palabra clave Internet está determinado por la investigación. Las palabras clave pueden ser cuantificados en el Internet. Son las palabras y frases de entrada en los cuadros de búsqueda.

Palabras clave autores revelan un significado intencional de un pasaje. Una palabra clave es una palabra o frase que utiliza un motor de búsqueda en sus búsquedas por contenido relevante contenida en las páginas web. Son las palabras que se escriben en los buscadores de un sitio web determinado.

La optimización se inicia con la investigación de palabras clave. No hay manera de encontrar los espectadores a menos que sepa lo que le gusta a la audiencia. Identificar sus palabras clave a través de la investigación.

Palabra clave de investigación consiste en determinar la frecuencia de que las palabras que usted escribe en los medios sociales aparecen en los resultados del Search Engine páginas (SERP). Mira a través de los perfiles para determinar lo que se ha comprometido en el pasado. Haga una lista.

Búsqueda de Palabras Clave

Palabra clave de investigación es necesaria debido a las palabras clave utilizadas en las búsquedas son un producto de la educación y experiencias de cada usuario, que es diferente para cada uno. Palabra clave de investigación proporciona información sobre diversos aspectos de la entrada de las palabras clave en los motores de búsqueda. La información más relevante sobre las palabras clave, mejor la investigación.

Las empresas de publicidad ofrecen a los clientes los datos sobre la frecuencia de las búsquedas a nivel mundial y en un país específico. Esta es una estimación aproximada de la popularidad. El nivel de competencia es un indicador del valor de una palabra clave. Las palabras clave con mucha competencia son más valiosos que los que no tienen competencia. Palabra clave de investigación debe también proporciona sinónimos para las palabras clave.

Sinónimos pueden proporcionar oportunidades para el avance de su contenido. Sinónimos a sus palabras clave con bajo nivel de competencia y un alto número de búsquedas presentan grandes oportunidades para el contenido para encontrar una audiencia apropiada.

Estrategia

Optimización de medios sociales requiere una estrategia para alcanzar sus metas. Todo el mundo utiliza las redes sociales por una razón. Una estrategia es un plan para alcanzar sus metas. Requiere metas a largo plazo y un plan de acción para llegar allí. La estrategia está en el medio y está determinada por el tipo de actividades de comunicación social participa en alcanzar las metas.

Hay tres tipos de estrategias de medios sociales que son eficaces, nicher, líder de la red, y Prospector. Nichers meten en donde encajar Learders red tienen el contenido más alto de calidad. Los prospectores tienen la mayoría de los amigos.

Nichers, líderes de la red, y los buscadores de manera consciente y subconscientemente utilizan estrategias de medios sociales para atraer y retener a los amigos y llegar a la gente. La mayoría de la gente lo hace sin siquiera pensar en ello para mantener sus imágenes en línea hasta la fecha. Utilizando una estrategia consciente para conectar con la gente se necesita para realmente cosechar los beneficios de los medios sociales.

Moneda Social

Somos amigos de las personas que aporten valor a nuestra relación personal, la moneda social. Las relaciones se dan y toman. Amigos dan a cada otra moneda social y moneda social reciben desde el otro. Una estrategia consciente para la participación en línea proporciona amigos, fans, seguidores y miembros del grupo con moneda social.

Moneda social es la información que se puede compartir fácilmente dentro de su red. Es el contenido de tus amigos pueden hablar en la vida real o en línea. Artículo enlaces, consejos y noticias sobre las tendencias actuales tienen un alto valor social. Compartir información de que es fresco y servicial.

Pregúntese cómo puede ayudar, sus amigos y fans y seguidores. Buscar, crear y compartir con su red. Esto le ayudará a encontrar el tipo de amigos que usted está buscando con una estrategia que se adapte a tu personalidad o necesidades.

Nicher

La mayoría de nosotros sólo quieren encajar Nos encontramos amigos con intereses similares en la vida real. Nuestros amigos en la vida real de nuestro son amigos en línea. Amigos en línea son pocos y distantes entre sí, ya que el único amigo lik personas afines.

A nicher es una persona que define su propia red de amigos. Asociados en la Red de un nicher comparten intereses y datos demográficos similares dentro del grupo más grande de usuarios de la red. Nichers encontrar a sus amigos. Se hacen amigos por una buena razón.

Nichers utilizan sus palabras clave para crear una mejor red a través del acercamiento a los amigos de los amigos que utilizan palabras clave similares. Está recibiendo dónde encaja en porque ya tiene un amigo en común. Se trata de una estrategia segura.

Líder de Red

Los líderes son lo que son debido a los amigos que tienen en la vida real. En los medios sociales líderes de la red son lo que son debido al contenido que comparten.

Un líder de la red atrae a los asociados en línea basados en la calidad del contenido que comparten. Los amigos de los líderes de la red los buscan. Los líderes de la red siguen otros. Otros los siguen.

Líderes de red utilizan sus palabras clave en el contenido que crean y comparten encontrar nuevos amigos mediante la búsqueda de toda la red.

Buscador de Perspectiva

La prospección de oro es el número de pueblos, ciudades y estados en los Estados Unidos fueron fundados. La fiebre del oro en California trajo colonos a la zona. La fiebre del oro en Alaska trajo colonos a la zona. La prospección es algo que la gente hace profesionalmente.

Prospector explora las redes para nuevas relaciones. Los buscadores utilizan todas las herramientas disponibles, las técnicas y tácticas para hacer amigos y ganar fans y seguidores. Ellos innovar nuevas formas de encontrar amigos porque siempre están explorando nuevas formas de hacerlo. El personal de ventas son el tipo más común de prospector.

Los buscadores buscan amigos que cumplen con ciertos criterios basados en búsquedas de palabras clave. Ellos usan sus palabras clave en su contenido. Ellos usan la estrategia de un nicher y líder de la red para encontrar embajadores de la marca personal. Embajadores de la marca personal son personas que van a contribuir a su promoción. Los prospectores deben proporcionar actualizaciones valiosos para mantener a sus amigos.

Red Social

Redes Sociales nos permite hacer amigos en línea con otras personas. Un amigo de la red social es el vínculo más estrecho que puede hacer a una persona dentro de la red. La gente puede conectarse con nosotros en otras formas que la amistad. Pueden seguir las actualizaciones de estado, se convierten en fanáticos de las páginas que se crean, y como y hacer comentarios sobre nuestro contenido.

Red Social (Sustantivo) 1. Un dominio que permite a los usuarios conectarse digitalmente con contactos, amigos, colegas y asociados, para compartir información acerca de los intereses comunes.

Como y Amor

Cada red social tiene un gran botón que proporciona afirmación al contenido sin comentar. Es un estándar de los medios sociales. Esta afirmación es generalmente llamado un Like o un botón del amor. Pulsaciones asociadas representan la afirmación de los contenidos o la página asociada a ella.

Gustar o Amar a marcas que se utilizan en la vida real hace que su imagen en línea auténtica porque coincide con lo que eres en realidad. Se crea una marca personal en su imagen en línea, porque tus amigos te reconozcan por lo que eres. Usted es el producto. , Sus amigos y fans y seguidores son la marca.

Gustos y amor deben ser ganados por la calidad de su contenido, no la popularidad de la persona que lo envió. El elogio público de un igual o un amor no es para tomarse a la ligera. Gustos y amor a la gente a publicar contenido similar, ya otras personas como él.

Configuración de la Privacidad

Configuración de la privacidad en las redes sociales ofrecen a los usuarios control sobre quién ve su perfil y el contenido que contienen. Hay varias opciones para controlar qué información a tus amigos, seguidores y público pueden ver sobre usted. Ellos le permiten controlar y limitar la información. Lea con atención. Utilizarlos en consecuencia.

Blog Pequeño

Un micro-blog es la web de medios sociales que permite a los usuarios publicar opiniones o otra información dentro de los límites de caracteres estrictas. Un blog es una forma de una a varias comunicaciones. Una persona inicia la información, mucha gente lo lea. Los límites de caracteres variar según el dominio.

Puedes seguir o suscribirse a los mensajes de los demás. Esto les brinda a una página de inicio cuando inicie sesión. Otros pueden seguir a sus mensajes.

Micro-Blog (sustantivo) 1. Un dominio que permite a los usuarios conectarse digitalmente con seguidores o suscriptores a compartir opiniones dentro de los límites de caracteres breves.

Siguiente

Hay similitudes y diferencias entre las siguientes personas con un micro-blog y ser amigo de ellos en la red social. Es lo mismo que ser amigos, ya que es una asociación pública. Una conexión directa con su contenido.

Seguir a alguien con un micro-blog es diferente a ser amigos con ellos en una red social, ya que los mensajes son una forma limitada de intercambio. Un micro-blog es menos personal que una red social, porque los mensajes son emisiones públicas.

Después de una gran cantidad de personas y que tiene una gran cantidad de seguidores es más aceptable socialmente que tener un montón de amigos de la red social. Seguidores sólo se espera para leer sus tweets. Se espera que los amigos a participar personalmente. No es posible contratar a un gran número de amigos personalmente para la mayoría de la gente.

Hashtag

Un hashtag (#) es también llamado el signo de libra en un teclado numérico. La colocación de un hashtag en frente de palabras clave incluye su micro-blog y algunos mensajes de redes sociales los hace aparecer en las búsquedas de palabras clave relacionadas. Esto los convierte en los enlaces que se pueden buscar haciendo clic en ellos. Un hashtag delante de palabras clave separadas por un guión incluye una frase entera en la asociación de palabras clave. El hashtag cambia el color del texto asociado.

Capítulo 5 Principios de Móvil

Mobile es el creciente segmento de ayuno del mercado de Internet. Además, lleva servicios a una nueva clase de personas a causa del acceso a los recursos de Internet que proporciona. Es una industria que puede ir prácticamente en cualquier lugar. No hay límite debido a que ya está en el cielo.

Móvil

Industria Móvil (Sustantivo) 1. Un grupo de productos y servicios que intercambian información a través de la comunicación inalámbrica de las computadoras de mano.

Mobile significa algo que se mueve con facilidad. Los teléfonos con funciones, teléfonos inteligentes y tabletas se pueden mover fácilmente. Ellos son móviles. Mobile se refiere a los teléfonos y las computadoras que se pueden mover con facilidad. Se trata de una industria basada en productos móviles y servicios inalámbricos.

Los principios de móvil son la sencillez, fiabilidad y utilidad. Móvil, los dispositivos móviles y la conexión inalámbrica a Internet. Dispositivo móvil y diseño de sitios web móviles son las creencias subyacentes del principio móvil de la simplicidad.

El principio de fiabilidad se define por la conectividad. Es importante disponer de una conexión en caso de emergencia, que requiere una señal inalámbrica y la energía de la batería suficiente para usar un dispositivo móvil. Las aplicaciones móviles son la base del principio de utilidad en la industria móvil, porque las aplicaciones son las que hacen los dispositivos móviles de utilidad. Hay un App para todo.

Computadoras de Mano

Los dispositivos móviles están diseñados para ser celebrada en las manos. Ellos no tienen que ser puestos en una superficie dura para ser utilizado correctamente. Sin embargo, a veces ayuda a establecer su dispositivo móvil cuando se está usando. Tienen acceso a internet, calendarios y organizadores de contacto en un mínimo. Muchos de ellos tienen muchos más usos y aplicaciones.

Características del Teléfono

Teléfonos celulares tienen funciones por-instalado aplicaciones, memoria limitada, procesadores lentos y poco ancho de banda. Los teléfonos celulares son baratos. Cuestan menos que el precio de una gran cantidad de aplicaciones. Por lo tanto, los teléfonos inteligentes son productos de primera calidad, ya que hacen todo lo que un teléfono celular hace mejor a un precio mayor.

Una función de teléfono es un teléfono celular que se conecta a un proveedor de telefonía móvil para los servicios de voz y datos. Los servicios prestados son preinstalados en el teléfono móvil antes de la venta. Ellos están controlados y actualizados por el proveedor de servicios inalámbricos.

Una función de teléfono es un teléfono celular con aplicaciones de software instaladas por el portador sin modificación del usuario. Correo electrónico, gestores de contactos y calendarios son aplicaciones preinstaladas comunes por las compañías inalámbricas en los teléfonos con funciones.

Teléfono Inteligente

Un smartphone es un producto de primera calidad debido a que las características adicionales por encima de un teléfono celular incluyen elevar el costo. Un teléfono inteligente tienen más poder de procesamiento, memoria y resolución que los teléfonos celulares. También tienen sistemas operativos (OS) de las que le permiten instalar aplicaciones desde el tienda de aplicaciones.

Un teléfono inteligente es un teléfono celular con un sistema operativo para móviles. Sistemas operativos móviles permiten a los usuarios instalar aplicaciones de software de terceros para su uso con el dispositivo. Las aplicaciones de software para teléfonos inteligentes y tabletas son móviles 'Aplicaciones'. Pueden ser descargados e instalados desde Internet.

Tableta

Las tabletas son un artículo de lujo debido a la limitada potencia de computación en relación con el precio de una computadora personal. Las computadoras portátiles y computadoras de escritorio tienen significativamente más memoria y potencia de procesamiento que una tableta por casi el mismo precio. Esto los hace una opción lógica para un segundo equipo hace. Esta es una razón por qué se utilizan la mayor parte de los países con mercados maduros informáticos tabletas. Son segundo ordenadores.

Una tableta es un rostro ordenador de pantalla táctil abierta que se puede mantener en sus manos. Las tabletas son ordenadores de mano con los sistemas operativos móviles. Aplicaciones que funcionan en un teléfono inteligente también trabajarán en una tableta con el mismo sistema operativo. Muchos están optimizados para ajustar el tamaño de la pantalla. Tabletas varían en tamaño de 7 a 12 pulgadas.

Uso Apropiado

Es apropiado utilizar su dispositivo móvil cuando no están imponiendo indebidamente en los que te rodean. Reglas de netiqueta Mobile prohíben estrictamente el uso durante la conducción y en la mesa de la cena. En general, es aceptable el uso de su dispositivo móvil, siempre y cuando usted no está interrumpiendo a nadie. Las interrupciones de los demás son imposiciones indebidas.

Cuando se utilicen dispositivos móviles es altamente situacional. Son móviles, por lo que es apropiada para usar en cualquier lugar que no se sometía a toda persona. El único lugar que no es aceptable el uso de su dispositivo móvil es la calle. El uso del dispositivo móvil cuando su cruce de la calle o conducir no puede imponer a nadie si su cuidado, pero puede hacer daño a la gente si no lo eres. Uso móvil en la calle se ha sabido para causar accidentes.

Sencillez

La simplicidad se utiliza para construir, diseñar y navegar por sitios web móviles con dispositivos. Sitios web móviles están diseñados para dispositivos móviles. Los dispositivos son lo suficientemente pequeño como para ser utilizado en la palma de las manos. Son de mano. Por lo tanto, las páginas web y dispositivos están diseñados simplemente porque son lo suficientemente pequeños para caber en la palma de sus manos. Restricción se emplea al crear dispositivos debido a las limitaciones de tamaño. Restricción se muestra en el diseño web limitando el tamaño y número de gráficos.

Diseño Web

Un sitio web para móviles es uno que está optimizado para un dispositivo móvil. Un sitio de comercio móvil permite a los usuarios comprar productos o servicios con un cheque en línea hacia fuera. Hay características de diseño y maquetación que hacen sitios web para móviles mejor usar para dispositivos móviles. Sitios móviles tienen funciones más simples que muestran y funcionan mejor en los dispositivos móviles de los sitios web diseñados para exploradores completos.

Los dispositivos móviles son a menudo redirigidos a sitios móviles basados en el tamaño de la resolución de una pantalla de dispositivos dada. Este es un principio de diseño de páginas web. CSS se utiliza para cambiar el diseño de los dispositivos móviles en los sitios web más avanzados diseñados para todas las plataformas con características simples que se pueden organizar para una máxima facilidad de uso basado en el tamaño de pantalla.

Los teléfonos con funciones generalmente son redirigidos a sitios web que son de texto principalmente con pocos gráficos. Esto se hace debido a que tienen pantallas pequeñas y menos potencia de procesamiento en comparación con los dispositivos móviles. Pantallas de los teléfonos móviles de características son aproximadamente 1.5 pulgadas. Procesadores de teléfonos celulares están a menos de 1 gigahertz. Por lo tanto, los teléfonos con funciones tienen sitios web que están hechas especialmente para ellos, en algunas circunstancias, porque los gráficos ocupan mucho espacio en la pantalla y son difíciles de procesar. Su tamaño de pantalla y la velocidad del procesador hace que los gráficos y el texto no deseado preferible.

Smartphones tienen pantallas de hasta 6 pulgadas con el procesador que se encuentran lo más rápido que las computadoras portátiles y computadoras de escritorio. Smartphones pueden procesar gráficos. Tienen grandes suficientes pantallas para una página completa o usuario del estilo del app diseño guiado definido. Técnicamente sitios web móviles son las aplicaciones móviles. En teoría, las aplicaciones móviles tienen que ser comprados a una tienda de aplicaciones y se ponen en marcha desde el menú de la aplicación en lugar de ir a un sitio web. El código fuente para construir un sitio web para móviles y aplicaciones móviles son los mismos. HTML5 se utiliza con cualquier programación de lenguajes que los desarrolladores necesitan para hacer el trabajo de la aplicación.

Sitios web móviles están programados con HTML5. Este es el estándar más reciente para el diseño web por la organización de estándares W3C.org. Dado que HTML5 es un estándar aceptado por una organización de diseñadores de páginas web, es un principio de sitio web para móviles y diseño de aplicaciones, ya que se utiliza para ambos.

Gráficos se limitan a un tamaño de 200 píxeles por 200 píxeles para el diseño web smartphone. Esto les permite visualizar todo el ancho de la vista del retrato en un smartphone. El límite de altura evita largos desplazamientos entre texto. Sitios web móviles pueden ser diseñados como un sitio web optimizado para un dispositivo móvil o como una aplicación optimizada para todas las pantallas.

Sitios móviles optimizados para smartphones y tablets escalar el sitio real de la pantalla o de la pila secciones debajo de unos a otros en base a la orden de comparecer en el código. Estos son sitios web que redirigen a los usuarios entrantes a un dominio completamente diferente. Por lo general comienza con el prefijo m, m.domainname.com.

Sitios web de estilo App optimizados para todas las pantallas suelen tener botones de navegación en la parte superior que guían al usuario el contenido apropiado. No hay un mínimo de texto en las pantallas de navegación en el contenido de la profundidad en las pantallas de destino. Estos son sitios web que no redirigen a los visitantes a un sitio móvil. Son sitios móviles. Los sitios de cambios de diseño basado en el tamaño de la pantalla de visualización.

Confiabilidad

En principio, los dispositivos móviles deben ser confiables ya que los usuarios dependen de ellos para cosas importantes. Ellos tienen que ser coherentes. La consistencia de los dispositivos móviles está determinada por las baterías y conectividad.

Muchas personas utilizan dispositivos móviles para cosas importantes. Servicio de teléfono, direcciones, contactos y llamadas de teléfono de emergencia. Un dispositivo móvil fiable puede bajar cuando una persona tiene que hacer una llamada importante. Una persona podría perderse si no pueden obtener direcciones. Los usuarios mantienen la información de contacto importante en los dispositivos móviles. De emergencia suceda, los dispositivos móviles confiables pueden terminar de emergencia, los no confiables pueden extenderlas.

Batería

Los dispositivos móviles tienen baterías. Energía de la batería varía según el dispositivo. La recarga de las baterías tiene cantidades variables de tiempo también. La creencia común en manos de los usuarios móviles con respecto a la fiabilidad de la batería es más larga que la vida de la batería es mejor, ya que tiene que ser recargada menos. Cargadores inalámbricos contribuyen a los dispositivos móviles fiables en principio, ya que permiten el uso. Cargadores rápidos se consideran mejores que los cargadores regulares, ya que recuperar la movilidad más rápido que los dispositivos con cargadores regulares.

Conectividad

Algunos dispositivos móviles se conectan a los operadores inalámbricos que proporcionan Internet. Además, pueden ofrecer servicios de llamadas de voz. Smartphones y tablets se pueden conectar a Internet en Wi-Fi (Internet inalámbrico) hotspots.

Conectividad es estar en la condición de conexión. Los dispositivos móviles pueden comunicarse con otros ordenadores. Smartphones hacer llamadas de voz a través de proveedores de servicios inalámbricos que requieren conectividad. Algunas tabletas se conectan a los operadores inalámbricos para una conexión a Internet. Se requiere conectividad para la comunicación móvil.

Proveedor de Servicio Móvil

Un operador de telefonía móvil es un operador de redes móviles (MNO). MNO es poseer, alquilar, o controlar el espectro de frecuencias de radio que los productos y servicios que venden su uso. Esto distingue a un operador móvil a un distribuidor de sus servicios. MNO de dueños de la infraestructura y proporcionar la facturación y servicio al cliente.

Los dispositivos móviles se conectan a través de MNO torres celulares. En principio, la más torres de un operador móvil tiene la mejor la conectividad. Redes MNO con una gran cantidad de torres de telefonía móvil son fiables, ya que pueden comunicarse con los dispositivos más móviles. Es más torres permiten más conexiones y menor desconexión debido a la capacidad de red.

Punto Caliente

Hotspots ofrecen conectividad de dispositivos móviles. Son lugares con mucha gente yendo y viniendo. Proporcionan acceso a Internet. Una red de área local inalámbrica (WLAN) se conecta a un proveedor de servicios Internet (ISP) a través de un router para hacer un punto de acceso. Conectividad a un punto de acceso se ve afectado por el número de usuarios de Wi-Fi. Más usuarios de hotspot significan menos conectividad. Establecimientos señales menudo lentos a los clientes que no pasan una cierta cantidad de dinero.

Utilidad

Tipo de software de una aplicación es su utilidad. ¿Cómo se utiliza. Utilidad, la productividad, las redes sociales, el entretenimiento y los juegos son el tipo de aplicaciones. Tiendas de aplicaciones Aplicaciones clasifican de acuerdo a las clasificaciones de marketing. Clasificaciones de marketing tienen una gran cantidad de sub categorías para crear mercados para los productos en una industria emergente.

Sistema Operativo

Sistemas operativos móviles (OS) de permitirle instalar aplicaciones desde una tienda de aplicaciones en su dispositivo móvil. Los fabricantes de dispositivos por lo general incluyen el acceso a la App Store oficial del OS como un componente del dispositivo. Alternativamente, se puede acceder a través de un navegador web o la aplicación instalada por usted. Hay otras tiendas de aplicaciones, dependiendo del sistema operativo y el dispositivo móvil. Google Android OS y Apple Internet Operating System (IOS) son los más populares sistemas operativos para teléfonos inteligentes y tabletas. Windows Phone es otra notable sistemas operativos para teléfonos inteligentes.

Androide

Android es el sistema operativo más popular. Es propiedad de Google. El código se basa en el código de Linux de código abierto. Apple y Microsoft OS de se basan en código propietario. Apple es un sistema completamente cerrado.

El sistema operativo Android es el más popular en el mundo. Alimenta los dispositivos más móviles. Cada versión tiene un número y un nombre. Jelly Bean fue la primera versión optimizada para tablets.

Dispositivos Android van desde los modelos de nivel de entrada de gama baja para los productos premium de alta gama. Los modelos de gama baja generalmente tienen acceso a la GetJar App Store. El GetJar App Store tiene un montón de aplicaciones gratuitas.

Android fue fundada en 2003 por un grupo de desarrolladores. Google lo compró en 2005. En 2007 Google formó la Open Handset Alliance para crear estándares para el código de Android. Android 1.0 fue lanzado en 2008. El HTC Dream es el primer dispositivo móvil Android.

El sistema operativo ha crecido hasta convertirse en el sistema operativo más popular en el mundo. Android Jelly Bean 4.1 fue lanzado en julio de 2012. La versión actual es KitKat 4.4 fue lanzado en noviembre de 2013.

Aplicaciones para dispositivos móviles Android se puede descargar desde la tienda Play Google y varias otras tiendas de aplicaciones. Google establece sus propias normas y revisa aplicaciones antes de ser puestos en el Google Play Store. Esto no garantiza la calidad de una aplicación.

Google establece sus propias normas y revisa aplicaciones antes de ser puestos en el Google Play Store. Esto no garantiza la calidad de una aplicación. Sólo significa que se revisó.

iOS

Apple utiliza iOS para sus dispositivos móviles y la integra en otras cosas como el Apple TV. Comenzó como el iPhone OS en 2007 y ha llegado a ser conocido como Internet o sistema operativo iOS desde entonces.

Las aplicaciones pueden ser descargadas e instaladas desde App Store de Apple en exclusiva. Apple iOS fue el líder de la industria durante muchos años. Sin embargo, ya que la pérdida de su líder, Steve Jobs, ha estado plagado de bugs y fallos de seguridad. iOS se acredita a menudo con el auge de la tableta y la popularidad de los teléfonos inteligentes. IPad de Apple utiliza iOS e hizo tabletas para el consumidor en la mente de muchas personas debido a su funcionamiento más suave. Muchas tabletas estaban nerviosos hasta que Apple ha subido el listón con el iPad funciona con iOS.

Ventana Teléfono

Windows Phone es un sistema operativo para móviles desarrollado por Microsoft que se lanzó en 2010. Windows Phone 7 fue el primer sistema operativo de Windows Phone. Windows Phone 8 lanzado a finales de 2012. Apps puede ser descargado desde el teléfono Windows Store.

Microsoft adquirió Nokia, un teléfono móvil y el fabricante de la tableta, en 2013. Esta adquisición ha permitido a Microsoft para asociarse con los sitios web y desarrolladores de software para nuevos productos y servicios. Microsoft aumentó dramáticamente su alcance productos. Se ha comenzado la entrega de ellos también.

Aplicaciones

Mobile Apps son aplicaciones de software para teléfonos inteligentes y tabletas que se pueden descargar desde el App Store o página web. Entonces instalado en el dispositivo. Ellos son descargados por los compradores móviles.

Un comprador móvil es una persona que utiliza un dispositivo móvil a la investigación de bienes y servicios, así como realizar compras. Un comprador móvil es un comprador móvil, pero un comprador móvil no es necesariamente un comprador móvil. Los compradores no siempre compran. Los compradores siempre compran.

Los fabricantes de dispositivos móviles, empresas de desarrollo de software de OS, y los desarrolladores de terceras partes hacen Apps. Google, Apple, Microsoft y Blackberry hacen pre-instalados y aplicaciones descargables también.

La industria de la App comenzó con iOS en 2007. El iPhone fue el primer teléfono inteligente, Versión del 29 de junio 2007, que permitió la instalación de aplicaciones de terceros. Android es ahora el sistema operativo más grande para los dispositivos móviles.

Tipos de la Aplicación

Mobile Apps son aplicaciones de software que se pueden descargar desde el App Store y se instala en un teléfono inteligente o tableta. Hay un gran mercado para las aplicaciones móviles ya teléfonos inteligentes y el uso de la tableta es la corriente principal en los países desarrollados. De acuerdo con todo el uso de los informes de teléfonos inteligentes está superando característica el uso del teléfono.

La mayoría de las buenas aplicaciones son gratis con funciones de calidad y opciones de actualización. Compras en App (IAP) a generar más ingresos para los desarrolladores que las ventas de aplicaciones premium. Aplicaciones gratuitas con características premium se llaman Freemium Apps.

Las aplicaciones pueden ser clasificados por su tipo de software en principio. Los tipos de software Mobile App son: la utilidad, productividad, redes sociales, entretenimiento y videojuegos.

Aplicaciones Utilitarios son aplicaciones de software que utilizan el dispositivo en sí. Administradores de archivos y aplicaciones de comunicación son aplicaciones de servicios públicos.

Tiendas de Aplicaciones

Hay libre, Freemium, y Premium Aplicaciones disponibles en las tiendas de la aplicación. Tiendas de aplicaciones categorizar las aplicaciones para la venta en base a las preferencias de marketing y el tipo de software. Incluyen utilidad, productividad, redes sociales, entretenimiento, videojuegos y una gran cantidad de subcategorías con la superposición de aplicaciones en cada categoría.

Freemium

La mayoría de gente que descarga Aplicaciones, juegos y otro software saben lo que es un freemium es, incluso si no se han introducido en la palabra. La gente descarga Aplicaciones y Juegos gratis todo el tiempo. Juegos y aplicaciones de vídeo libres se basan en el modelo de negocio freemium.

El modelo de negocio freemium es aquella en la que el desarrollador o vendedor App deriva los ingresos o el beneficio de la App sin cobrar por la descarga o instalación. Aplicaciones gratis y juegos de vídeo utilizan el modelo de negocio freemium. Muchas aplicaciones gratuitas incluyen funciones avanzadas que los usuarios deben pagar para desbloquear. Otros presentan anuncio móvil a los usuarios para generar ingresos. Además, las empresas ofrecen aplicaciones gratuitas para efectos de identificación y exposición.

Aplicaciones y juegos de video utilizan el modelo freemium ligeramente diferente para generar las Compras In App (IAP). Los videojuegos utilizan el modelo freemium por cobrar a los usuarios por bienes virtuales que mejoran el juego. Aplicaciones ofrecen funcionalidad y versiones añadido sin publicidad como características premium y beneficios.

Un IAP (en adquisitivo de aplicaciones) es el pago por un bien o servicio dentro de la aplicación que se utilice. Los ingresos generados por IAP es generalmente mayor que el precio de un desarrollador podría cobrar por una aplicación dada. Muchos consumidores no van a pagar más de 99 centavos de dólar para una aplicación, si nada en absoluto. Un precio de compra de una aplicación es una barrera importante para la compra.

Muchas destacadas empresas han optado por el modelo de negocio freemium en su totalidad o en parte, porque los consumidores no pagarán por Apps. En su lugar, utilizan las versiones gratuitas de aplicaciones que compiten sacrificar las características y beneficios o espacio de pantalla para la publicidad.

Aplicaciones a menudo se pretende ahorrar tiempo y hacernos más eficientes o pérdida de tiempo por nosotros entretenido. El precio de la App prima debe valer la pena en términos de tiempo de ahorro de eficiencia o de entretenimiento en relación con otras Aplicaciones gratuitas para que paguemos. Simplemente no vale la pena para la mayoría de nosotros para pagar por una aplicación que podemos obtener de forma gratuita o realmente no necesita.

Puesto que la gente no va a comprar aplicaciones premium en principio y en la práctica a los desarrolladores tener más potencial de ingresos, dando una App de distancia y la venta de cosas que dentro de la aplicación y la generación de ingresos de la publicidad también.

Branding y la exposición son una razón de peso para dar una aplicación de distancia. Muchos sitios web ofrecen una aplicación móvil para dar a los clientes una manera de conectar con su sitio cuando están lejos de una computadora personal. Esto les impide ir a otro sitio, incluso si no genera ingresos directamente.

El precio del desarrollo de una aplicación es a menudo más barato que el precio del desarrollo de un sitio web para móviles. Una aplicación móvil ofrece a los propietarios del sitio más control sobre el aspecto y el tacto de una pantalla de un sitio web para móviles hace porque hay tantas variables que intervienen en la web móvil.

Navegadores móviles hacen que el código de manera diferente y hay muchos diferentes navegadores móviles. Tamaño de la pantalla y el fabricante de dispositivos móviles también afectan a la forma en que un sitio web para móviles pantallas. Aplicaciones siempre aparecen los mismos a través de diferentes dispositivos diferentes y tamaños de pantalla.

Aplicaciones libres son las aplicaciones que la gente usa. Aplicaciones premium son los que se pagan por el porque sienten que ellos necesitan. Freemium es el modelo de negocio o término que describe cómo la gente paga por aplicaciones libres, porque en la vida nada es gratis. La gente paga por aplicaciones libres con IAP, se muestran publicidad y lealtad a la marca.

La palabra freemium es una palabra-valija y cibernética. Es la combinación de la libre y la prima. Libre significa sin cargo y la prima significa alta calidad, lo que en el negocio se traduce en un mayor costo para el consumidor. La aplicación de estas palabras a las aplicaciones móviles y la combinación de ellos significa que el consumidor paga una gran cantidad de software de alta calidad que se puede descargar gratis.

Freemium Apps puede ser muy rentable si un montón de gente descargarlos. La mayoría de las aplicaciones no generan suficientes ingresos para cubrir los costos de desarrollo. Muy pocos hacen suficiente dinero para mantener un negocio independiente. Dando la App de forma gratuita es la única forma en que muchos desarrolladores puedan generar ingresos.

El modelo de negocio freemium para Aplicaciones móviles genera ingresos, aunque no está claro cómo. Las aplicaciones son unos productos de primera calidad ya que los teléfonos inteligentes y las tabletas son dispositivos de mano premium. IAP, la publicidad móvil, y la lealtad a la marca de sitios web (ingresos por publicidad) son los ingresos más común la producción de resultados de aplicaciones gratuitas. Muchas personas con razón, creen que si una aplicación no es gratuita no deberían comprarlo.

Prima

Los teléfonos inteligentes y las tabletas son productos de primera calidad en sí mismos. Pagar más de 99 centavos de dólar para una aplicación es una ultra premium. Hay Aplicaciones tiendas que ofrecen una gran cantidad de aplicaciones gratuitas y hay los que venden caro Aplicaciones relativa a la norma 99 ciento establecido por la App Store de Apple.

Dado que los teléfonos inteligentes son un teléfono celular de primera calidad y las tabletas son un artículo de lujo, el pago de Aplicaciones es una compra ultra premium. Ultra estar por encima de la prima. El hecho de que la mayoría de la información contenida en una aplicación y videojuegos similares se puede encontrar de forma gratuita en Internet hace que aplicaciones innecesarias. El gran número de aplicaciones gratuitas disponibles hace que la compra de Aplicaciones ilógica en la mayoría de los casos.

Hay aplicaciones de nicho que usted puede estar dispuesto a, y debe pagar. Estas aplicaciones realizan una función específica en relación con el usuario y el dispositivo. Utilidad y software de productividad son buenos ejemplos de aplicaciones que justifiquen el pago.

Compras

Aplicaciones móviles realizan varias funciones para que a través de un dispositivo móvil. Ellos ayudante, ayudar, y nos entretienen en nuestra vida cotidiana. La mayoría de las aplicaciones pre-instaladas tienen aplicaciones similares disponibles en las tiendas de aplicaciones con más características y beneficios.

Hay un App para todo en cualquier dado App Store. Tiendas de aplicaciones tienen aplicaciones que se supone para hacer su vida más eficiente o entretener. La compra de una aplicación de una tienda de aplicaciones es un proceso que debe llevarse a cabo con mucho cuidado debido a que su vida cotidiana se ve afectada.

La palabra de compra en referencia a una aplicación es casi un oxímoron porque la mayoría de la gente sólo descargar aplicaciones gratuitas. Aplicaciones prima que tiene que pagar por se reservan para circunstancias especiales.

Buscando Apps puede ser impredecible y es más difícil, dependiendo de la App Store que utiliza y su nivel de experiencia. Aquellos con experiencia de seguir la retroalimentación y saber leer entre líneas. Debe haber suficiente retroalimentación para la mayoría de los usuarios para descargar e instalar una aplicación. Se necesita una gran cantidad de descargas o una mala experiencia para una persona para dejar comentarios.

La gente suele dejar comentarios cuando tienen una mala experiencia con una aplicación. Es la responsabilidad de la comunidad de usuarios a escribir un comentario sobre los problemas que puede experimentar con una aplicación. Se ahorra tiempo y dinero la gente en función del tipo de problemas y el precio de la aplicación. Se me ha salvado de hacer las compras de la aplicación inútiles muchas veces.

Se necesita una gran cantidad de descargas de éxito para una App para recibir retroalimentación positiva. La compra de una aplicación sin realimentación está tomando un gran riesgo con sus datos y el dispositivo porque Aplicaciones recopilar datos y han sido conocidos por contener malware. Las aplicaciones que se han descargado un montón no son necesariamente buenos Aplicaciones.

Aplicaciones con la publicidad se descargan más aplicaciones que no hacen publicidad. Una descripción bien escrita cargadas con palabras clave va a generar una gran cantidad de descargas también. Las aplicaciones que se han descargado se pueden desinstalar fácilmente. Muchas veces apps inútiles se desinstalan sin voto negativo.

La realimentación incluye comentarios de los clientes y los grados de la estrella App. Grados de la estrella de la aplicación se basan en la satisfacción del cliente. Ellos se muestran de manera diferente en función de la App Store. Cuando te encuentras con una App que desea navegando por la App Store o buscarlas, leer la descripción. Todas las descripciones no son iguales. Los pequeños desarrolladores pueden no ser capaces de pagar una descripción profesional para una gran aplicación.

Desarrolladores bien financiados pueden ser capaces de permitirse una descripción profesional que hace que la aplicación parece mejor de lo que realmente es. Los comerciantes inteligentes sepan cómo utilizar las palabras clave que la gente a ver una aplicación, pero la descripción no puede ser completa, ya que está lleno de palabras clave en lugar de contenido.

Lea la descripción de lo que es. Una descripción es una descripción de una aplicación aprobada por el desarrollador. Hay algo de verdad en ello, pero no se puede confiar en.

Un número de estrellas Apps es un buen lugar para empezar a la hora de considerar la compra de una aplicación. Una buena regla de etiqueta de la red es sólo para comprar Apps con una calificación promedio de 3 estrellas o superior. Hay cinco estrellas posibles. Cuantas más estrellas, mejor. Una calificación de tres estrellas por lo general significa que todo el mundo le gusta una aplicación. ¿Cuánto les gustaba que es una cuestión de opinión personal. Una vez que haya mirado a la calificación y leer los comentarios de una aplicación que haya terminado el segundo paso en el proceso de compra.

El siguiente paso en el proceso de compra de una aplicación es la de investigar el desarrollador. Investigando el desarrollador de una aplicación es un paso crucial en el proceso de compra, debido a la naturaleza personal de los datos almacenados en un dispositivo móvil. Los dispositivos móviles contienen los registros de llamadas, contactos y la información financiera en función de cómo lo usa.

Aplicaciones para sitios web populares bien financiadas generalmente se puede confiar. Tienen mucho que perder mediante la recopilación de datos de forma incorrecta o instalación de malware en su dispositivo. Revise la política de privacidad y escanear los Términos de Servicio para cualquier cosa fuera de lo normal para estas aplicaciones.

Aplicaciones hechas por los desarrolladores en el extranjero o para las empresas extranjeras deben ser examinados. Visite el sitio web de los desarrolladores y leer la información "acerca de nosotros". Si no tiene ningún no descargar e instalar la aplicación porque usted va a compartir su información con ellos y que no va a compartir la suya con usted. Utilice un motor de búsqueda para encontrar la regeneración en línea acerca de los desarrolladores.

No confíe únicamente en la información que proporcionan. No dejes que te engañe la retroalimentación positiva. Hay una gran cantidad de aplicaciones con altas calificaciones de estrellas y buenas críticas que contienen programas maliciosos, que pueden dañar el dispositivo, robar su identidad, e infectar su PC con un virus.

Tenga cuidado de completar todos los pasos del proceso de compra App fondo para la mejor experiencia con sus aplicaciones. Explora y busca aplicaciones que se interese Lea las calificaciones, comentarios, y la descripción. La investigación de la App y desarrollador para obtener información de fondo y temas de malware. A continuación, descargue e instale la aplicación si se siente cómodo con él.

Capítulo 6 Principios de la Educación en Línea

La educación en línea es una industria en crecimiento, ya que reduce el costo de la educación. La educación de bajo costo elimina las barreras que anteriormente mantenían a los pobres, las minorías y las mujeres de aprender las habilidades que necesitan para tener éxito en la vida. No es fácil de aprender en línea, pero es alcanzable.

Educación en Línea

Educación en línea (Sustantivo) 1. Educación en línea es el Internet la aplicación asistida de la electrónica para la enseñanza o la adquisición de conocimientos o habilidades.

La educación en línea es la enseñanza de los conocimientos adquiridos a través de Internet. Becas es un principio fundamental. Beca está aprendiendo mide por el logro. Protocolo ha sido desarrollado para la enseñanza y la medición de la adquisición de conocimientos en línea. Las clases en línea ofrecen certificados de logros y participación. Algunas clases sólo miden la respuesta que usted proporciona en los exámenes.

Conocimiento

El conocimiento es información objetiva y la habilidad adquirida de estudio. Se leen Datos. Entonces recordó. El nivel se desarrolla a partir de la aplicación de la información. Por lo tanto, el conocimiento es hechos que se recuerdan y habilidades que se pueden aplicar de vez invertir para leer y practicar la aplicación de la información.

Beca

Beca está aprendiendo mide por el logro. El Internet se utiliza para aprender de una manera medible en las clases en línea. Proporcionan material de enseñanza y de prueba para dar a los estudiantes los conocimientos y medir sus logros. Tomar una clase en línea es la beca porque el conocimiento que se enseña y la adquisición se mide por medio de pruebas.

Aprendizaje

El Internet es un nuevo medio de comunicación. Se ha desarrollado un nuevo protocolo para la enseñanza. Los métodos tradicionales de la educación aplicada a la Internet no se consideran legítimas. Cursos creíbles de instituciones respetadas ofrecen certificados de participación y los logros que son gratis. La educación en línea es gratuito, en principio, porque el aprendizaje es la adquisición de conocimientos a través de Internet. Cualquier cosa que usted desea aprender se puede encontrar de forma gratuita. En la práctica, hay sitios web de bajo costo que ofrecen certificados y una gran educación. De licenciatura en línea no son socialmente aceptables.

Estudio

El estudio es la adquisición de conocimiento a partir de la lectura de un tema y escribir. Tradicionalmente, esto se ha hecho a través de los libros de texto. Los libros de texto han de escribir las tareas, libros normales no lo hacen. El Internet tiene conocimiento en los sitios web. Ebooks permiten a los usuarios adquirir el conocimiento de la lectura y escurrir.

Los libros de texto ofrecen a los usuarios de conocimientos pasan tiempo adquirir. Esto se realiza mediante la lectura de la lectura del libro. Escribir asignaciones al final de los capítulos debe completarse también. Los libros de texto pueden estar en línea, libros electrónicos, o libros tradicionales.

Los Libros de Texto en Línea

Información de Internet que sirve como conocimiento para su estudio por la lectura y hacer problemas al final de las secciones son los libros de texto en línea. Tienen múltiples formatos.

HTML Libros

Muchos libros de texto en línea utilizan HTML. Los usuarios inician sesión en una cuenta. A continuación, haga clic en un enlace para ir al libro de texto. Los libros de texto en línea requieren conectividad porque los datos están en un servidor remoto.

Formato de Documento Portátil (PDF)

El Formato de Documento Portátil (PDF) es un tipo de archivo. Documentos que terminen en la extensión. PDF. Estos archivos se utilizan para mostrar la información en línea para la adquisición de conocimientos. Los archivos no se pueden cambiar una vez que se crean sin una licencia del fabricante de software. Se trata básicamente de un documento inalterable. Para ver este tipo de archivos en línea en un navegador requiere un plug-in. Fuera de línea requiere visor de PDF.

PDF fue creado por Adobe. El plug-in PDF para navegadores y visor para su uso sin conexión se puede encontrar en su página web.

Pases de diapositivas

Presentaciones de diapositivas sirven a menudo como la única información proporcionada por una clase en línea. Proporcionan información para la adquisición de conocimientos sobre un tema en particular. Profesores y maestros a menudo dan una conferencia sobre el pase de diapositivas en los vídeos. Los archivos están disponibles para su visualización y descarga. Son los libros de texto.

Libro Electrónico

Ebooks con información acerca de un tema para la adquisición de conocimiento tienen dos formatos populares. Epub y. Mobi son los tipos de archivos de libros electrónicos más populares. Epub es el estándar de la industria. Es sinónimo de la publicación electrónica. . Mobi es el estándar de Amazon. Amazon es el mayor minorista de libros electrónicos más grandes del mundo. Los libros electrónicos son archivos html empaquetados juntos.

Estudio de Uno Mismo

Trabajo autónomo es el aprendizaje formal y sin supervisión directa. No hay ninguna clase. El estudio se lleva a cabo solo. Tradicionalmente, los cursos por correspondencia se denominan auto estudio.

La definición se ajusta a todas las formas de las clases en línea, porque no hay en el aula. Es necesario un salón de clases para una clase. Sin un salón de clases no puede haber una supervisión directa. El conocimiento adquirido fuera de un salón de clases es de auto estudio.

Logro

Los certificados son los acordados logro requerido para la beca en línea. Ellos son un principio de netiqueta. No son un principio de la beca. En principio, el rendimiento se logra cuando se aplica el conocimiento. Transcripciones escolares, certificados de logros, y los certificados de participación son la prueba de la erudición que denotan logros.

Certificados en línea son tan buenos como la información proporcionada tine para adquirirlos. La reputación de la organización que les ofrece ofrece un valor social. Un certificado de aprovechamiento o de becas es una prueba de la beca.

Clase en Línea

Una clase en línea es un curso por correspondencia. Una colección de conocimiento sobre un tema o tópico dispuesta para explicar la información a los participantes con fines profesionales o de interés personal entregado a través de la internet. Los participantes son estudiantes.

Certificados

Un certificado es la declaración oficial que acredite un hecho. Los certificados se ofrecen para los cursos de auto estudio. Clases individuales proveen certificados de logros y participación. Clases agrupados por certificados objeto, clase, y ofrecer el nivel de habilidad de los logros.

Capítulo 7 Principios de la Seguridad en Internet

Seguridad significa muchas cosas para mucha gente diferente. Se puede definir de muchas maneras diferentes. La protección es la seguridad en las esencias.

Seguridad en Internet

Seguridad en Internet (Sustantivo) 1. Libertad de daños, peligros potenciales, y la victimización por los delincuentes en Internet.

La seguridad en Internet es una creencia subyacente de los usuarios de Internet. La mayoría de las personas que usan el Internet creen que debería ser seguro para comunicarse usarlo. Seguridad en Internet se basa en nuestro conocimiento de la seguridad personal y la seguridad en Internet. La seguridad en Internet es el software antivirus, en principio, para protegerse personalmente. Principios complementarios o específicos de seguridad personal de Internet son la conciencia y contraseñas seguras. La privacidad es de suma importancia.

Seguridad en Internet es la protección personal y equipo de las fuentes conocidas de peligro o daño. Protección personal también se conoce como la seguridad personal. Protección de Internet se llama la seguridad de Internet también.

Seguridad Personal

Seguridad persona es estar libre de daño físico y financiero. Privacidad, la conciencia y contraseña segura nos protegen de cualquier daño personal en Internet, en principio.

121

Privacidad mantiene a las personas que quieren hacernos daño inmediato. Conciencia nos muestra lo que debe evitar. Las contraseñas seguras protegen nuestra información de cuenta personal.

Intimidad

La privacidad está siendo perturbada por otras con la observación o la intrusión. La mejor manera de estar a salvo en Internet es para mantener a todos ", con los brazos extendidos. Esto significa limitar su exposición.

Si todas las entidades que interactúan con en línea se mantiene con los brazos extendidos, nada puede afectarlo a usted personalmente. Se mantiene Cada entidad fuera de su alcance, en lo personal. Más allá de la limitación de la exposición como una creencia general, hay varias reglas de netiqueta seguridad en Internet que las personas siguen para evitar estafas y otros delitos.

La configuración de privacidad es un principio de la seguridad personal. Muchos dominios ofrecen cuentas de usuario configuración de privacidad. La configuración de privacidad permite a los usuarios para limitar la capacidad de otros para observar una de las cuentas acciones de Internet. Restringen la capacidad de otros para entrometerse en una cuenta determinada con compromiso.

Conciencia

Usted debe ser consciente de cómo se roba datos para proteger sus datos. Las estafas de phishing se utilizan para engañar a la gente dar suficiente información o el acceso a sus computadoras para robar su identidad u otros datos. Phishing es un término usado para describir las estafas que engañan a la gente a compartir información sensible en una variedad de maneras. Páginas web falsas y correos electrónicos falsos a menudo piden a los usuarios a revelar pin y contraseñas haciéndose pasar por bancos u otras instituciones. Mensajes de correo electrónico dirigidos se envían solicitando que los beneficiarios sigan enlaces.

Una vez que el enlace es seguido pueden ser solicitados a través de las computadoras pueden hackeados fallos de seguridad o información personal. Sitios web de banca móvil son falsos comúnmente para engañar a las personas para que revelen sus nombres de usuario y contraseñas, ya que aparecen en las pantallas más pequeñas por lo que es difícil saber la diferencia entre los sitios falsos y los verdaderos.

Contraseñas Seguras

Las contraseñas seguras hacen que sea más difícil para los programas de software o las personas averigüen su contraseña. Una contraseña segura consiste en una letra mayúscula caso, letra minúscula, números, y caracteres especiales. Debe tener al menos siete caracteres de resistencia.

Seguridad en Internet

La seguridad en Internet es un segmento de la seguridad informática debido a que el Internet es un medio de comunicación entre ordenadores. Es la protección contra el acceso no autorizado o perjudicial a los datos informáticos a través de conexiones de red. Los virus son la forma más común de acceso no autorizado o perjudicial a los datos informáticos a través de Internet.

La seguridad en Internet es la protección de sus datos y la libertad de los virus. Eso significa que, la seguridad en Internet es el software anti-virus. Detiene los virus conocidos que circulan por Internet. Además, protege contra los métodos probados de ordenadores de hacking.

Las computadoras y los sitios web no están suficientemente protegidos contra el acceso no deseado por muchas razones. Los programas de software y sitios web pueden ser diseñados para recoger la misma información recopilada por el software aprobado por razones inseguras. Tiene que infectar un ordenador a través de Internet o de inserción directa. Dado que las computadoras y los sitios web a los que acceden no protegen suficientemente los datos debido a las amenazas conocidas y desconocidas de software anti-virus es un principio de la seguridad en Internet.

Virus

Un virus es un programa de software, código de programación, instalado en un ordenador sin el permiso o conocimiento del usuario o usuarios, capaz de copias de sí mismo en otros programas y computadoras para propósitos dañinos. Malware y spyware son los tipos más comunes de los virus.

El malware es un virus altera los datos en un ordenador o el programa una vez instalado. El malware a menudo elimina los archivos en una computadora o de lo contrario los corrompe. Todos los datos de la computadora se pierde normalmente cuando se instala un virus malware.

El spyware es un virus que recoge información sobre los datos almacenados en un ordenador. Transmite los datos de acceso a otro equipo. Identificadores de pulsaciones son una forma de spyware.

Recogen datos relativos a las pulsaciones del teclado. Los datos se envían entonces a otro ordenador. A menudo se utiliza para causar daño financiero. Como resultado, los

individuos identidades son a menudo robados. Productos
Empresas se roban también.

Antivirus

El software antivirus es un programa que detecta y elimina
los virus. Se busca en los archivos de computadora en
busca de virus conocidos. Una vez encontrados, los borra.
Navegador y seguridad de la red son los principios de
software anti-virus, ya que impiden la instalación de virus.

El software anti-virus impide el acceso no deseado a los
datos informáticos. Software está diseñado para bloquear el
acceso, buscar programas que tienen acceso no deseado,
eliminar y programas de cuarentena que tienen acceso no
deseado. El software anti-virus puede ser diseñado para las
funciones informáticas específicas. Los segmentos de
mercado más grandes son escritorio, internet y móvil.
Técnicamente, el móvil y el software antivirus de escritorio
son diferentes. Software anti-virus de la seguridad en
Internet se centró utiliza las mismas técnicas que la
mayoría de los programas anti-software.

Empresas de software anti-virus utilizan todos los modelos
de negocio en línea disponibles para vender sus productos y
servicios. Los servicios de suscripción son populares
porque se actualizan con regularidad. Regularmente
software antivirus actualizado proporciona la mayor
protección debido a los nuevos virus y los métodos de
hacking siempre se están creando.

Navegadores de Internet tienen antivirus construido adentro
bloqueadores de ventanas emergentes y características anti-
phishing son programas de software antivirus, add-ons. Son
funciones que se pueden activar y desactivar, ya que puede
limitar su capacidad para navegar por Internet. Como

principio, los navegadores de Internet un bloqueador de ventanas emergentes y protección anti-phishing deben estar habilitadas.

Actualizaciones de Software

Parche Actualizaciones de software conocido agujeros de seguridad en programas. Muchas empresas de software publican actualizaciones cuando se explotan vulnerabilidades. Ellos no siempre dicen al público acerca de las vulnerabilidades de software para evitar la piratería generalizada. La inscripción para las actualizaciones automáticas es una buena idea para proteger su ordenador de las vulnerabilidades conocidas.

Revisar periódicamente el software de fabrica página web de actualizaciones se debe hacer así. Además, preste atención a las noticias acerca de las actualizaciones, hacks, y fallos de seguridad para asegurarse de que no está hackeado.

Estafas

Una estafa en Internet es un truco deshonesto para hacer dinero engañando a alguien fuera de uno o más dominios, incluidos los instrumentos financieros (dinero).

Información ambigua se utiliza a menudo para atraer a la gente a compartir información de contacto para fines de marketing. Viajes gratis y otros premios son ofrecidos por compañías como premio por ser unos ganadores del concurso. Todo el que entra en gana. Esto es una estafa legítimo. Hay muchos fraudes legales.

Amigo Rico

Hay un montón de advertencias en el Internet sobre el cableado de dinero y el envío de los fondos no negociables por una razón. Muchas personas son engañadas para que den dinero a la gente sin recurrir porque dieron un criminal fondos no negociables. Efectivo, alambre, o cheques de caja, por ejemplo. Una estafa populares comienza contando la víctima tienen un amigo rico.

El amigo rico estafa y variaciones se encuentran ampliamente distribuidos a través de correo electrónico. Una persona envía un correo electrónico con una elaborada historia acerca de las riquezas que ellos o un amigo tienen y que necesitan su ayuda para conseguirlos. A veces un cheque falso se envía a la víctima que lo cobra y envía los fondos no negociables al estafador. El cheque recibido es negociable. Cuando no se borra la persona que lo cobró está en el gancho por el dinero y la persona que recibió la mayor parte del dinero en efectivo por lo general fuera del alcance de las autoridades locales.

Capítulo 8 Principios de Negocios En Línea

Todos sabemos lo que es negocio, pero puede no ser tan fácil de definir porque hay mucho involucrado. El negocio es transaccional. Hay una gran cantidad de capas antes y después de una transacción. Una transacción es en el medio.

Negocios en Línea

Negocios Online (Sustantivo) 1. Ayuda de Internet para el intercambio de bienes y servicios.

El negocio es la actividad comercial. Negocios en línea es el uso de Internet en apoyo de las actividades comerciales. Se está llevando a cabo negocios a través de Internet en una de tres maneras. Negocios se realizó en línea entre empresas y consumidores, y los consumidores y los consumidores, y entre empresas.

Negocios entre empresas y consumidores es de empresa a consumidor (B2C). Actividad comercial B2C es la transferencia de recursos entre las empresas a los usuarios de un producto o servicio a terminar. Los consumidores son los usuarios finales de un producto o servicio. No utilizan productos para la actividad comercial.

Consumidor con la actividad comercial del consumidor es la transferencia de recursos entre los usuarios finales. Los consumidores de comercio utiliza bienes y servicios en línea. Las subastas y avisos clasificados son las actividades principales de los consumidores para el negocio de consumo en línea.

Negocios entre las empresas en línea es de empresa a empresa (B2B). Actividad comercial B2B es la transferencia de recursos entre las empresas en apoyo de la actividad comercial entre empresas y consumidores.

Optimización de Motores de Búsqueda (SEO), Medios de Comunicación Social mercadeo (SMM), Publicidad (Ad), y la Decisión de Gestión de la Ciencia (MDS) son los principios de negocio en línea. Cada principios tiene un acrónimo a conocer a todas las personas de negocios en línea iniciadas. SEO, SMM, Ad y MDS, respectivamente, son las siglas de los principios de negocio en línea.

El negocio en línea es la producción de contenido y atraer a los clientes potenciales acerca de un producto, servicio o marca de influir en las transacciones o ventas. SEO es un principio de negocio en línea, ya que ofrece a los clientes potenciales a su contenido. SMM es un principio de negocio en línea, porque los medios de comunicación social permite a las empresas a construir relaciones con sus clientes, la marca.

Anuncios son un principio de negocio en línea, ya que tienen la mayor influencia en las transacciones. Las personas que hacen clic en los anuncios son más propensos a procesar una transacción. MDS es un principio de negocio en línea, ya que mide la efectividad de los principios de negocio en línea con los índices y fórmulas.

Compras en Línea

Las compras en línea es la compra de bienes y servicios en línea. Esto incluye la compra de 'Aplicaciones', así como mercancía al por menor en tiendas en línea. Las opciones de pago en línea incluyen crédito o débito, banca en línea, y ACH (cheques electrónicos). Al hacer compras en línea es etiqueta de Internet adecuado para guardar una copia de la descripción del producto y la confirmación del pago en caso de que haya una disputa posterior.

Opciones de Pago

Las tarjetas de crédito son el método más seguro para el procesamiento de transacciones en línea, ya que no afectan a su saldo en efectivo si se utilizan de forma fraudulenta. PayPal es un método de pago en línea similar a una tarjeta de débito. Es una cuenta corriente cuyo objetivo principal es las transacciones en línea. Para muchas personas PayPal sirve como un amortiguador entre la cuenta de cheques que utilizan para la actividad diaria y uno que utilizan para las transacciones en línea.

Devoluciones

Los artículos comprados en línea pueden ser devueltos por correo o al almacén del ladrillo y mortero dependiendo de la tienda. Hay una dirección diferente de la dirección de envío para las devoluciones. No envíe por correo vuelve a la dirección de envío. La mayoría de los minoristas en línea requieren autorización antes de que un artículo se puede volver.

Obtener el permiso y la dirección de envío de la vuelta correcta antes de intentar enviar un artículo de nuevo a la tienda en línea. Llame al número de teléfono de servicio al cliente para el remite y autorización.

Disputas

Si hay una disputa acerca de un contacto tema, el primer minorista. Los conflictos pueden surgir si usted no recibe un artículo, el artículo se entrega en la condición dañada, o no es como se describe. Estas son razones comunes para las disputas.

Si usted no está satisfecho con la resolución proporcionada por el contacto minorista la institución financiera utilizada para realizar el pago. Llame a su banco. Los bancos y los emisores de tarjetas de crédito tienen su propio proceso de disputa que es centrada en el cliente. Siga las instrucciones y les proporcione una copia de la descripción del producto y la confirmación del pago para el mejor resultado.

Banca en Línea

La banca en línea es el registro en una cuenta en línea con acceso directo a los fondos en esa cuenta. Se le beneficia porque usted no tiene que ir a las sucursales de los bancos para realizar transacciones financieras. Además, le permite hacer la actividad bancaria durante el horario no bancarias. La banca en línea es segura. Los bancos utilizan conexiones seguras, codificación de datos, y altos estándares de programación para proteger los activos.

Pago de Facturas en Línea

Pagar facturas en línea es una manera conveniente para llevar a cabo una tarea de rutina. Es tan seguro como el sitio web que está pagando sus cuentas a la conexión a Internet y se utiliza para acceder a ella. La seguridad depende de lo que la compañía está pagando y donde está iniciando sesión. Guarde una copia de la página de confirmación de pago y una copia de seguridad copia guardada en sus archivos.

Una gran cantidad de empresas de animar a los usuarios a ir sin papel cuando pagan sus facturas en línea y recibir declaraciones por correo electrónico. Si usted prefiere recibir facturas de papel buscan una casilla de verificación con esa opción. Si usted no puede encontrar la opción de seguir recibiendo estados de cuenta impresos llaman a la empresa y hacer una petición.

Optimización de Motores de Búsqueda (SEO)

Optimización de motores de búsqueda es el proceso de hacer que el contenido parece mayor en la Página de Resultados del Motor de Búsqueda (SERP). Hay dos tipos de SEO, el sombrero blanco y negro. White Hat SEO es ético. SEO de sombrero negro utiliza técnicas poco éticas. La regla de oro de la Netiquette hace las técnicas de SEO de sombrero blanco principios de negocios en línea adecuadas.

SEO emplea diversos métodos para aumentar el tráfico a un sitio web determinado de los motores de búsqueda. Aumenta a sitios de clasificación en la SERP. Los enlaces a sitios web sin pagar en SERP se conocen como enlaces orgánicos debido a que su inclusión se basa en el contenido de Internet. La publicidad en SERP es el Pago Por Clic (PPC).

Cada palabra de las siglas SEO ha subyacente técnicas. En principio, estas técnicas se elevará la clasificación de contenidos en SERP. Motores de búsqueda clasifican los contenidos palabras clave, etiquetas y enlaces de vuelta. La búsqueda busca las etiquetas. Los procesos del motor cuántos enlaces de vuelta de una URL determinada y tiene el rango de proveedor de enlace.

La optimización es el proceso de utilizar palabras clave para encontrar una audiencia para el contenido. Se trata de la colocación de palabras clave en el contenido de mayor ranking en SERP. Una palabra clave es una palabra que indica el significado de un pasaje. Son utilizados por los sistemas de recuperación de información, los motores de búsqueda, para encontrar contenido relevante.

Palabras Clave

Una palabra clave es una palabra usada por un motor de búsqueda en la búsqueda de páginas web relevantes. Son palabras de entrada de los usuarios en los motores de búsqueda cuando se busca información sobre un tema o asunto en particular. Palabras clave tienen un rango. Uso de palabras clave de alto rango en el contenido, cuando la curaduría de contenidos, y cuando la publicación de enlaces a contenidos darle un alto ranking en SERP.

Las palabras clave se identifican palabras que los buscadores utilizan. Estas palabras aparecen en las estadísticas del servidor para un dominio dado. Servidores rastrear la entrada de las palabras clave a los espectadores en los motores de búsqueda para vincular a una URL determinada. Comprobación de las estadísticas web de un dominio puede proporcionar una web palabras clave. Hay herramientas de análisis gratuitos y de pago que se Revue contenido de palabras clave también.

Google Adwords es la mejor herramienta para la investigación de palabras clave libre, porque Google es el mayor motor de búsqueda. Ellos tienen la mayor cantidad de datos acerca de palabras clave disponibles para la investigación. Hay muchas herramientas de investigación de palabras clave disponibles en Internet para los servicios gratuitos y de pago distintos de Adwords.

Palabra clave de investigación consiste en determinar el número de búsquedas, la competencia y los sinónimos. Esta actividad también puede ser referido a la planificación como palabra clave. Las palabras clave con alta competencia son más valiosos. Las palabras clave con una gran cantidad de búsquedas, la alta competencia y sinónimos con el mismo rango alto en SERP. En principio, el mejor contenido contenido se ubicará el más alto debido a que las mayoría de los espectadores se involucran una página para elevar su ranking. En la práctica, el uso del negocio de publicidad para asociar contenido con palabras clave y dirigir el tráfico a sitios web.

Palabra clave de investigación revela oportunidades de contenido para ser visto. En principio, las palabras clave con bajo nivel de competencia utilizado en mayor número de búsquedas de las palabras clave que se utilizan actualmente en el contenido pueden ser optimizados para recibir más puntos de vista. Cambio de las palabras clave en el contenido de la alta competición a las palabras clave con poca competencia podría aumentar los puntos de vista porque hay más oportunidad para que el contenido optimizado para aparecer alto en SERP. Tener una alta graduación en general va a obtener más aciertos que uno de baja.

Etiquetas

Las etiquetas son lo proceso motores de búsqueda para dar significado contenido. Son semántica. Los motores de búsqueda miran las etiquetas para clasificar el contenido. Fotos, enlaces y páginas web tienen etiquetas HTML distintas que los motores de búsqueda buscan. Motores de búsqueda semánticos buscan etiquetas RDF.

Las imágenes y los enlaces tienen elementos descriptivos que pueden incluirse en las etiquetas HTML para ayudarles a dar sentido a los motores de búsqueda y los espectadores. Las imágenes se pueden utilizar etiquetas alt. Los enlaces pueden utilizar etiquetas de título. Los sitios web pueden utilizar Meta Data.

Para fines de SEO todas las imágenes de una página web deben tener las etiquetas alt contenidas dentro de la etiqueta img. Los enlaces deben tener etiquetas de título que aparecen en la etiqueta. Páginas web deben contener palabras clave y etiquetas meta descripción en la cabecera para el SEO.

Etiquetas RDF se utilizan para describir las entidades semánticas. Es una sintaxis para describir las cosas. Open Graph es el formato más popular para la escritura de las etiquetas RDF. Facebook es el motor de búsqueda más popular que utiliza esta norma. Google sigue los estándares de Schema.org por sus capacidades de búsqueda semántica.

Enlaces Hacia Esta Página

Un vínculo de retroceso es un enlace entrante desde una página web a otra. Backlinks son el mayor contribuyente a un ranking SERP páginas web. La calidad de la página que tiene el enlace a otra se calcula en la ecuación que determina SERP.

Medios de Comunicación Social Mercadeo

Medios de comunicación social mercadeo (SMM) es dirigir el tráfico a un sitio web de redes sociales. Palabra de comercialización de usuario tiene un mayor valor de marca de la publicidad de pago ya que el contenido se transmite a través de pares ganado el reconocimiento. Los usuarios responden a los llamamientos de sus pasiones, intereses, personalidad, e información importante o interesante.

Social Media Marketing es una técnica para ganar la atención en la promoción de un producto o empresa a través de sitios web de medios sociales. Tácticas incluyen la optimización, la marca, descuentos y concursos.

Marca

Una marca es un producto, servicio o empresa con un diseño distintivo reconocido por sus consumidores. Branding distingue el producto, servicio o empresa de otros a través de la publicidad y el diseño. El producto, servicio, o las ganancias de la empresa el reconocimiento en la mente de los consumidores mediante la diferenciación de las cosas similares.

Branding

Social Media es una oportunidad para que las marcas se relacionan con sus partes interesadas. Marcas Passion asocian con tiempos de paso. Marcas de personalidad utilizan la curaduría de contenidos para gustos. Marcas transparentes comparten todo acerca de lo que están haciendo en los medios de comunicación social para la credibilidad. Demografía conducir el proceso de branding de SMM.

Promociones

Social Media Marketing implica ofertas que ofrecen, descuentos, concursos y contenidos especiales a los consumidores. Ofertas y descuentos se pueden ofrecer a los códigos de promoción. Códigos para ofertas y descuentos pueden ser enviadas por correo electrónico al registrarse o realización de alguna actividad atractiva como recompensa. Concursos con actividad de participación requerida como para la entrada es un principio de SMM.

Muchas empresas requieren concursantes para compartir enlaces y fotos. Contenido exclusivo hace que la gente se sienta especial, porque significa que son ya que el contenido es exclusivo de su clase. Estos son los principios de la SMM para la construcción de marcas fuertes. Las marcas fuertes tienen fuertes ventas debido a que las partes interesadas apoyan el negocio.

Publicidad

La publicidad en Internet es la colocación de mensajes de marketing en línea para la entrega a los consumidores. Los mensajes están diseñados para llegar a los consumidores a comprar un producto o servicio. Atrae la atención del público para un negocio para vender productos y servicios con los anuncios pagados.

Decisión de Gestión de la Ciencia (MDS)

Decisión de Gestión de Ciencia (MDS) usuarios de los datos cuantitativos para el análisis estadístico para la toma de decisiones empresariales. Es el análisis de datos para la toma de decisiones empresariales. Los datos se recogen para la aplicación de fórmulas que generan relaciones que determinan el curso de acción apropiado negocio.

Proporción

Una relación es una relación entre los números. Se miden el número de veces que un valor puede ser dividida en otra. La comparación se expresa como un porcentaje o tasa.

Tasa de Clics (CTR)

Tasa de Clics (CTR) es un ratio que indica el porcentaje de visitantes del sitio web que hacen clic en la publicidad o cualquier otro hipervínculo en comparación con el número total de veces que se ve. Vistas a veces se llaman las impresiones para los anuncios.

$$CTR = Clic / Vistas$$

Referencias Cambio

La tasa de referencia es un ratio que indica el porcentaje del total del tráfico web desde un hipervínculo dado. El número de clics en un sitio web, dividido por el total de visitantes a un sitio web durante un período de tiempo dado.

RR = Clicks / Usuarios

Retorno de la inversión (ROI)

Retorno de la inversión (ROI) es la contribución de los ingresos incrementales de los gastos de comunicación como motor de búsqueda y compra de palabras clave. El valor neto de los ingresos incrementales generados por la compra de medios menos el costo variable de producir que los ingresos, incluyendo el costo de los medios de comunicación.

Coste por clic

Coste por clic (CPC) es el costo total de una campaña de marketing, dividido por el número de clics recibidos a través del sitio en donde fue blanco de la campaña.

CPC = Costo / Clic

Capítulo 9 Principios de Email

Correo electrónico utilizado por todos, desde todos los ámbitos de la vida en la comunicación personal y profesional. El correo electrónico es un mensaje entregado en formato electrónico. Se trata de un mensaje electrónico enviado desde y hacia un dominio de Internet.

Correo Electrónico

Correo electrónico (Sustantivo) 1. Correo electrónico, correo electrónico, es una forma de comunicación que permite a los usuarios enviar mensajes a través de Internet en varios formatos de archivo de direcciones únicas de Internet.

Mensajes de correo electrónico se dirigen a un nombre de usuario dentro de un dominio. Pueden dirigirse a uno o muchos. Los principios de correo electrónico proceden de las creencias que los mensajes deben ser auténticos y transmitir información importante. Hay dos tipos de correo electrónico, personales y profesionales.

Protocolo de Transferencia de Correo Simple (SMTP)

Protocolo simple de transferencia de correo es el nombre utilizado para describir el conjunto de normas de redes informáticas utilizadas para enviar y recibir mensajes de correo electrónico con un servidor de correo electrónico.

Post Office Protocol versión 3 (POP3)

Post Office Protocol versión 3 es un conjunto de estándares de redes informáticas utilizadas para la descarga de mensajes desde un servidor de correo electrónico a un ordenador. Se puede utilizar con SMPT. SMPT no se requiere. Es compatible.

Protocolo de Acceso a Mensajes de Internet (IMAP)

Versión Internet Message Access Protocol es un estándar para la descarga de mensajes de correo electrónico desde un servidor. La versión actual es la 4.

Correo Electrónico Personal

El correo electrónico personal es para compartir las buenas noticias y la información esencial. Se utiliza con eficacia para la programación y anuncios. Las malas noticias no es apropiado para los mensajes de correo electrónico, ya que deja a la persona que lo recibe, sin que alguien le ayude a lidiar con él.

Profesional Correo Electrónico

Mensajes de correo electrónico profesionales son queridos sobre cómo se gana la vida. Las correcciones deberán enviarse con saludos apropiados, contienen una redacción clara, y estar escritos en fuentes aceptables y los colores de fuente. Siempre prueba de leer y revisar la ortografía de correo electrónico profesional o que no es profesional.

Abordar Correo Electrónico

Direcciones en los mensajes de correo electrónico tiene sus propios principios que están muy desarrollados. Estos principios son empleados por muchos grupos y listas de usuarios (lista sirve).

La "A:" es para las direcciones de las personas a las que se está dirigiendo directamente en el mensaje. Es para aquellos que quieren actuar en la información de su envío.

El "CC:" del campo es para la gente que se dirige indirectamente con el mensaje. Están recibiendo una copia visible (CC) para su propia información. Necesita saber la información, pero no necesariamente actuar sobre ella.

El "CCO:" campo se utiliza para hacer frente a varias personas. Es para el envío de mensajes masivos y newsletters al tiempo que protege la privacidad de los que reciben el mensaje. Es una copia oculta que sólo muestra la dirección de correo electrónico de la persona que lo recibe a pesar de que el mensaje se envía a muchas personas. Es una cortesía común el uso de este campo para enviar un mensaje a varias personas.

Pirámide invertida

La pirámide invertida es un estilo periodístico de la escritura cuya estructura prioriza la ubicación de la información dentro del contenido. La información se coloca en orden de importancia para el lector. La información más importante es lo primero.

Firma

Una firma de correo electrónico es un bloque de texto al final de un mensaje que se utiliza para ayudar a determinar la autenticidad de mensajes. El nombre del remitente y la información de contacto se incluye como prueba de autenticidad. Una firma de correo electrónico se puede insertar de forma automática. Un archivo que contiene el bloque de texto se añade al mensaje. El remitente debe crear el archivo. Es una característica de la mayoría de cuentas de correo electrónico que se pueden activar o desactivar.

Autenticidad

Mensajes auténticos provienen de direcciones de correo electrónico reales. Son bienvenidos. Remitente de un mensaje de auténtica firma con la información de contacto más abajo su nombre. Correos electrónicos auténticos son mensajes genuinos basados en información precisa apoyado por pruebas de origen.

Documento Apócrifo

Un correo electrónico falso es un mensaje es uno que ha sido alterado para imitar un mensaje auténtico. Es un engaño porque la información automática de cabecera se cambia manualmente a una dirección de correo electrónico distinta a la del autor del mensaje.

Acertar Todos

Dominios permiten a los webmasters para crear capturas todas las direcciones de correo electrónico. Captura todas las direcciones de correo electrónico reciben los mensajes de todos los usuarios especificados dentro de un dominio. La creación de una dirección de correo electrónico para reenviar mensajes a otro se puede hacer mediante el ajuste de la configuración de cualquier cuenta de correo electrónico o por un webmaster crear una cuenta de correo catch-all dentro de un dominio.

Correo no Deseado

El spam es correo electrónico no deseado, en principio. No importa quién lo envió. Envío de correo electrónico no deseado es una molestia para algunos. Sin embargo, es una buena técnica de marketing. Funciona. El envío de correo no deseado vende productos. No tiene que ser una oferta de venta de ser spam. Cualquier mensaje que no desea que se trata de spam. Aplicaciones de correo electrónico tienen la capacidad de filtrar los mensajes de correo electrónico para enviar mensajes deseados a bandejas de entrada.

El spam es un mensaje no deseado. La forma más común es la publicidad por correo electrónico. Típicamente, un gran número de mensajes se envían a direcciones de correo electrónico inapropiados. Los destinatarios no autorizaron el uso de la dirección de correo electrónico para la publicidad por el remitente.

Capítulo 10 Principios de Internet Video

El cine es un término que denota la industria cinematográfica. Una película es una secuencia de imágenes visuales grabadas capturados por una cámara de transmisión a una pantalla que parece estar en movimiento. Una película es una película. El video es otro nombre para la grabación. Video por Internet es el vídeo digital.

Internet Video

Internet Video (Sustantivo) 1. Un formato digital para la entrega de las imágenes en movimiento que utiliza 0 y 1 de la de representar los datos mostrados.

De vídeo de Internet es la entrega de imágenes en movimiento a través de Internet a una pantalla para la visualización. El principio del vídeo en Internet es un reloj de tiempo. Observe el tiempo determina el valor de contenido de vídeo en Internet. Hay muchos principios subyacentes.

Los suscriptores, descripciones, la compatibilidad, el cine y la narración de historias subyacen principios y creencias que influyen en el tiempo del reloj. Suscriptores ver vídeos más que nadie. Descripciones influyen en los lectores y motores de búsqueda. Compatibilidad determina capacidad de visualización. Los principios de la película y la narración de historias influencia vez despiertos, porque buen video se observaron en principio.

Suscriptores

Un suscriptor de Internet es un usuario que sea notificado de las nuevas publicaciones de video por un creador a través de la firma.

Descripción

Una descripción del video es una cuenta basada en texto del género, fecha de publicación, y la trama que acompañan vídeo transmitido a través de Internet.

Compatibilidad

Compatibilidad permite que una computadora, archivo o programa de software para ser utilizados con otro. Las computadoras, archivos y software que son trabajos compatibles entre sí.

Narración de cuentos

Narración de cuentos es un principio del video. Es un relato de hechos reales o imaginarios comunicadas para fines de entretenimiento.

Ver el Tiempo

Reloj El tiempo es la medida de la secuencia de los acontecimientos de las imágenes visuales observados grabadas por una cámara para crear la ilusión de movimiento se transmite a través de Internet. Es la cantidad de tiempo que un usuario mira atentamente un video de internet dado.

Apéndice A

La tienda Play Google es el estándar para todas las aplicaciones, ya que Android es el sistema operativo más popular (OS). Las categorías que figuran en ella abarcan las categorías de las tiendas más pequeñas y eclipsarlas. Por lo tanto, he proporcionado una descripción de cada categoría en la Google Play Store. Las categorías son comunes a todas las tiendas de aplicaciones.

Libros y Referencia

Una referencia App es un programa de software que actúa como un punto de contacto para obtener información sobre un tema o asunto. Libros y Aplicaciones de referencia incluyen lectores, diccionarios, libros populares y nichos Aplicaciones informativos. Dispositivos de lectura tienen aplicaciones para que el contenido se puede visualizar en otros dispositivos. Libros populares tienen sus propias aplicaciones y diversos temas que tienen también.

Negocios

Un negocio App es un programa de software que ayuda a una actividad comercial o mercantil. Aplicaciones empresariales son en su mayoría aplicaciones de productividad que cuestan dinero y otras aplicaciones para la comunicación y la entrega.

Historietas

Un cómic App es un programa de software que es un e-reader para mostrar una serie de dibujos que cuentan una historia divertida. El tipo de humor en una aplicación dada es muy variable. Algunas aplicaciones se centran en los tipos de humor, mientras que otros se centran en personajes e historias particulares. Hay varios estilos de escritura y de dibujo disponibles en Aplicaciones de historietas.

Comunicación

Aplicaciones de comunicación son programas de software para las transmisiones de una persona o entidad a otra. Aplicaciones Wi-Fi Hotspot, correo electrónico y de voz sobre IP (VOIP) son aplicaciones de comunicación comunes. Exploradores Web se incluyen en esta categoría también.

Educación

Aplicaciones educativas son programas de software que ayudan a la difusión del conocimiento acumulado sobre un tema en particular a un individuo. Aplicaciones de educación incluyen los niños juegos de aprendizaje y guías. Sitios web de Educación tienen aplicaciones para la interacción con su sitio desde un dispositivo móvil. Plataformas de aprendizaje en línea tienen aplicaciones para que los estudiantes puedan conectarse con sus clases en línea.

Entretenimiento

Aplicaciones de entretenimiento son programas de software para la diversión que se dedican a los usuarios ver, escuchar o jugar juegos. Aplicaciones de entretenimiento incluyen radio, televisión, y aplicaciones de vídeo. La mayoría son jugadores de algún tipo de streaming de medios de comunicación.

Finanzas

Aplicaciones Financieras son programas de software diseñados para ayudarle a ahorrar dinero. Muchas aplicaciones de finanzas seguimiento del gasto en diversas formas, recursos presupuestarios, y chequeras de saldo. Los bancos, las compañías de tarjetas de crédito y servicios de pago en línea tienen aplicaciones en la categoría finanzas, así.

Salud y Bienestar

Salud y estado físico Las aplicaciones son programas de software que ayudan a alcanzar y mantener una mente sana, cuerpo y espíritu. Hay muchas aplicaciones de ejercicio en la categoría de salud y fitness. Las damas de la frecuencia cardíaca, contadores de calorías y Aplicaciones de pérdida de peso son muy populares también.

Bibliotecas y Demostración

Las bibliotecas y aplicaciones de demostración son programas de software que se conectan a contenido para su uso. Aplicaciones de demostración son software de prueba disponibles por un tiempo limitado con funcionalidad limitada. Hay muchos idiomas, sonido y Aplicaciones indefinidos en la sección de la biblioteca y de demostración.

Estilo de Vida

Aplicaciones estilo de vida son programas de software que le ayudan en su forma de vida. La comida, receta, y aplicaciones de relaciones son comunes en esta categoría. Hay despertador, restaurante, y Aplicaciones de comida rápida.

Papel de la Pared en Vivo

Aplicaciones Live Wallpaper son programas de software que decoran el fondo de la pantalla de su dispositivo móvil. Muchas aplicaciones de pantalla en vivo cuentan con objetos que se mueven en el fondo. 3D, temática y Aplicaciones Papel tapiz de imágenes son comunes en esta categoría.

Medios y Video

Medios de comunicación y aplicaciones de vídeo son programas de software que le ayudan a ver y la creación de imágenes, sonido y texto juntos o por separado. Los reproductores de vídeo, editores y aplicaciones del sistema de vigilancia de la cámara están incluidos en los medios de comunicación y la categoría de vídeo. Fabricantes de melodías tienen aplicaciones en esta sección. Sitios web de vídeo y canales de televisión proporcionan aplicaciones por su contenido en esta categoría también.

Médico

Aplicaciones médicas son programas de software que ayudan a mantener su salud y aliviar dolencias. Hay un montón de diagnóstico, el embarazo y Aplicaciones de primeros auxilios en la sección médica. La presión arterial, medicamentos y gráficos Las aplicaciones son populares también.

Música y Audio

Música y audio Las aplicaciones son programas de software que se puede escuchar y grabar sonidos incluyendo voces y los instrumentos. Reproductor de música y voz grabadoras son las aplicaciones más populares de la música y de la sección de audio. Proveedores de música en streaming Gratis y Premium tienen aplicaciones en esta categoría también.

Noticias y Revista

Noticias y revistas Las aplicaciones son programas de software que proporcionan informes sobre acontecimientos recientes, diversos temas, y otros hechos. Los periódicos, estaciones de televisión y revistas de suscripción tienen aplicaciones en la sección de noticias y revistas. Hay muchas aplicaciones de nicho para los informes sobre diversos temas, así, que incluyen la política, entre otras cosas.

Personalización

Aplicaciones Personalización son programas de software que ayudan a marcar su dispositivo móvil de una manera particular a usted ya su gusto. Wallpaper, cerraduras de protector de pantalla y aplicaciones de widgets se incluyen en la categoría de la personalización. Aplicaciones de melodías y fuente especial Short Messaging Service (SMS) se pueden encontrar en la categoría de personalización también.

Fotografía

Aplicaciones de fotografía son programas de software que controlan la cámara de un dispositivo móvil y manipular los datos de las imágenes. Existen muchos tipos de aplicaciones de cámara disponibles para una amplia variedad de propósitos, que van desde la alta definición y vídeo a los efectos especiales y explosiones rápidas de las imágenes. Edición de fotos e imágenes Aplicaciones de redes sociales se pueden encontrar en la categoría de fotografía también.

Productividad

Productividad y son programas de software que ayudan a crear, almacenar y organizar como una categoría en la App Store. La definición estricta de software de productividad es diferente. Toma de notas, calendario, protector contraseña, y Reader son populares en la categoría de productividad. Impresión, escaneo, y otro documento creando aplicaciones se pueden encontrar en la categoría de productividad.

Compras

Aplicaciones comerciales son programas de software que le ayudan en la compra de bienes y servicios. Sitios web de comercio electrónico, almacenar y venta de localización y lista de aplicaciones son aplicaciones comerciales más conocidas. Las tiendas tienen aplicaciones en la sección de compras. Lectores de códigos de barras y Aplicaciones de comparación se encuentran en la sección de compras también.

Social

Aplicaciones Sociales son programas de software que se conecta con sus amigos y ayudar a comunicarse. Las redes sociales tienen sus aplicaciones en la categoría social. Muchas aplicaciones de organización de redes sociales se pueden encontrar aquí también.

Deportes

Aplicaciones deportivas son programas de software diseñados para ayudarle en la competencia individual y de equipo, y dar informes acerca de ellos. Ligas deportivas más populares y canales de noticias y televisión tienen Aplicaciones para reportar las puntuaciones y mostrando aspectos más destacados. Hay muchas aplicaciones que los jugadores entrenador y ayudar a los entrenadores con los consejos y por la captura de vídeo en esta sección. Golf tiene muchas aplicaciones populares.

Instrumentos

Aplicaciones de herramientas son programas de software diseñados para una tarea en particular en su dispositivo móvil o que le permiten realizar una tarea con su dispositivo móvil. Los datos copia de seguridad, linterna y Aplicaciones captura de pantalla son los más populares en la categoría de herramientas. Aplicaciones antivirus y del teclado se pueden encontrar aquí también. Esta categoría en la App Store es una ligera variación de la definición estricta de software de herramientas.

Transporte

Aplicaciones de transporte son programas de software diseñados para ayudarle a moverse a sí mismo o algo de un lugar a otro. Hallazgo de coches, control de velocidad de localización y desbloqueo automático Las aplicaciones son muy populares en esta categoría. Localización GPS, coche de alquiler, y horario del autobús aplicaciones se pueden encontrar en la categoría de transporte también.

Viajes y Comarcal

Aplicaciones Viajes y comarcal son programas de software diseñados para ayudarle a hacer un viaje. Rastreo de vuelos, mapas, navegación y aplicaciones son las aplicaciones más populares del recorrido. Aerolíneas, hoteles y servicios de reserva tienen aplicaciones en la sección de viajes.

Tiempo

Aplicaciones meteorológicas están diseñados para informar y predecir el estado de la atmósfera y su condición. Varios servicios meteorológicos proporcionan Apps en la sección del tiempo. Aplicaciones de predicción meteorológica de radar están disponibles también.

Reproductores

Aplicaciones Widget son programas de software diseñados para que usted pueda realizar o acceder a un servicio. Hay una gran variedad de aplicaciones de todas las categorías en esta sección porque los widgets son utilizados por muchos de ellos para que pueda acceder a ellos. Todas las aplicaciones populares tienen widgets. Esta sección es un buen lugar para buscar aplicaciones populares.

Indice

A

B

C

D

E

R

S

T

U

V

X

www.ingramcontent.com/pod-product-compliance
Lightning Source LLC
Chambersburg PA
CBHW071159050326
40689CB00011B/2176